인성교육을 위한 청소년 인문학 글쓰기

千字文

천자문 필사노트

KB082824

인성교육을 위한 청소년 인문학 글쓰기

千字文 천자문 필사노트

6쇄 발행   2025년 2월 15일

지은이   시사정보연구원
발행인   권윤삼
발행처   도서출판 산수야

등록번호   제1-1515호
주소   서울시 마포구 월드컵로 165-4
우편번호   03962
전화   02-332-9655
팩스   02-335-0674

ISBN 978-89-8097-406-1   43190

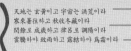

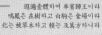

天地는 玄黃이고 宇宙는 洪荒이라
寒來暑往하고 秋收冬藏이라
閏餘로 成歲하고 律呂로 調陽이라
雲騰하야 致雨하고 露結하야 爲霜이라

坐朝問道하고 垂拱平章이라
愛育黎首하고 臣伏戎羌하라.

遐邇壹體하여 率賓歸王이라
鳴鳳은 在樹하고 白駒은 食場이라
化는 被草木하고 賴는 及萬方하니라

蓋此身髮은 四大五常이라
恭惟鞠養하니 豈敢毁傷이리오
女는 慕貞烈하고 男은 效才良하니라
知過면 必改하고 得能이면 莫忘하라

金은 生麗水하고 玉은 出崑岡이라
劍은 號巨闕하고 珠는 稱夜光하니라
果는 珍李柰하고 菜는 重芥薑이라
海는 鹹하고 河는 淡하며,
鱗은 潛하고 羽는 翔이라

周發殷湯하고 塵持己長하라
信은 使可覆이오 器는 欲難量이니라
墨은 悲絲染하고 詩는 讚羔羊이라

龍師火帝와 鳥官人皇이라
始制文字하고 乃服衣裳이라
推位讓國은 有虞陶唐이라
弔民伐罪는 周發殷湯하니라

景行은 維賢이요 剋念은 作聖이니라
德建이면 名立하고 形端이면 表正하니라
空谷에 傳聲하고 虛堂에 習聽하니라
禍는 因惡積이요 福은 緣善慶이라

인성교육을 위한
청소년 인문학 글쓰기

천자문
필사노트

시사정보연구원 지음

시사패스
SISAPASS.COM

인성교육을 위한 청소년 인문학의 보고 『천자문』

요즘 인성교육이란 말을 흔히 듣습니다. 건전하고 올바른 인성을 갖춘 시민을 육성하여 국가 사회의 발전에 이바지함을 목적으로 하는 인성교육법이 시행되고 있기 때문이기도 합니다.

교육현장에서 강조하고 있는 인성교육이란 무엇을 말하는 것일까요?

인성교육이란 자신의 내면을 가꾸고 타인이나 공동체와 더불어 살아가는 데 필요한 역량을 기르는 교육을 말해요. 즉, 우리 내면에 살아 있는 양심을 온전히 계발하여, 언제 어디서나 당면한 문제를 적극적으로 해결하는 '양심적 리더'를 키워 내는 것이지요.

인간은 기본적으로 양심과 욕심을 타고납니다. 우리는 양심을 갖고 태어나기 때문에 타인의 마음에 공감할 수 있고, 잘못된 것을 보면 부당하다고 여기며, 옳고 그름을 판단하고, 무엇이 무례한지, 무엇이 아름다운지를 파악할 수 있습니다. 이런 능력은 우리의 내면에 내재되어 있다가 적정한 나이가 되면 드러납니다.

"양심의 명령을 따르는 것이 최고의 인성교육이다."라고 합니다. 이 말이 대변하듯이 우리는 인문학의 지혜를 통해 '양심적 리더'로 성장할 수 있답니다. 우리가 인문학을 공부하는 것은 우리의 내면에 내재되어 있는 양심을 계발하기 위해서지요.

인성교육을 의무로 규정한 인성교육진흥법이 실행되었습니다. 왜 인성교육법이 만들어졌을까요? 왜 우리 사회의 중요한 화두가 되었을까요? 우리 주변, 사회 곳곳

에서 일어나고 있는 폐해가 인성교육의 부재에서 나온다는 결론에 다다른 것입니다. 학생들은 집단 따돌림과 폭력에 시달리다가 극단적인 선택을 하게 되는 일들이 종종 발생합니다. 모든 관심사들이 대학을 목표로 오로지 공부만 중요시했기 때문이며, 인성교육을 소홀히 했다는 자성의 목소리가 나오면서 인성교육의 필요성이 대두된 것입니다.

내가 무엇을 좋아하고 잘하는지, 어떤 것에 흥미가 있는지, 어떤 삶을 꿈꾸는지, 어떤 사람이 되기를 원하는지 등을 구체적으로 탐구하면서 자신을 되돌아볼 시간이 필요합니다. 자신이 진정으로 원하는 삶과 꿈을 찾기 위해서는 무엇보다 자신을 먼저 알아야 합니다. 자신을 알아가는 과정이 바로 인성교육의 첫걸음이기도 하지요. 타고난 양심을 제대로 계발하려면 학습이 필요합니다. 교과과정에서 깊이 있게 배울 수 없는 것들을 탐구하고 학습하는 것이 필요하지요. 우리의 내면을 알게 하고 생각을 깊고 넓게 하는 학문 중 대표적인 것이 바로 인문학입니다. 널리 쓰이고 있는 문사철(文史哲)이란 문학, 역사, 철학을 아울러 이르는 말로 인문학이라고 분류되는 대표 학문을 말하며, 지성인이 기본적으로 갖추어야 하는 교양을 의미합니다.

청소년들의 인문학적 소양을 갖추기 위해 본사는 인성교육을 위한 청소년 인문학 글쓰기 천자문 필사노트를 출간하게 되었습니다. 천자문은 많은 선비들이 밤낮없이 외우고 또 외웠던 책으로 학문을 시작할 때 배우는 책입니다. 한자 1,000자를 엮어서 만들었다고 하여 천자문이라 불리지요. 6세기 초반 중국 양나라 무제 때 주흥사가 지었다고 전해지는 천자문은 삼국시대에 이 땅에 들어와 가장 인기 있는 학습서로 자리매김하였습니다.

천자문은 저자인 주흥사가 하룻밤 사이에 이 글을 짓고는 검었던 머리가 하얗게 변했다고 하여 백수문(白首文)으로도 불립니다. 천 개의 글자로 이루어진 천자문은 한 문장(여덟 글자) 안에서 두 구절(각 네 글자)이 대조를 이루고 있는 경우가 대부분이며, 각 구절(네 글자) 안에서 두 글자씩 대조를 이루는 경우가 대부분이기 때문에 이러한 기본 상식을 알고 학습하면 쉽게 익힐 수 있습니다.

천자문은 자연 세계와 인류의 도덕과 문명에 이르는 깊이와 풍부함으로 오늘날 우리들에게 세상을 살아가는 힘이 되는 삶의 지혜와 사상을 담고 있어 인성교육의 보고라고도 합니다. 이 책은 청소년들이 알아야 할 천자문 구절을 한자와 한글을 쓰면서 익힐 수 있도록 기획했답니다. 인문학의 중심이 되는 골자, 또는 요점이라고 불리는 내용들을 손으로 쓰면서 마음에 새길 수 있도록 만들었기 때문에 깊은 사고와 함께 바르고 예쁜 글씨도 덤으로 익힐 수 있어요. 옛 성인들의 말씀을 통하여 지식에 대한 흥미, 사회에 대한 흥미, 자신의 미래, 인간에 대한 이해와 통찰을 배우기를 희망합니다. 마음의 양식을 오랫동안 기억할 수 있도록 편집했으니 꼭 활용하여 내 것으로 만들어 보세요.

청소년 인성교육 천자문 필사노트
이렇게 활용하세요!

* 천자문은 인문학 최고의 지침서로 꼽는 책입니다. 문사철의 핵심을 간추린 인성교육의 보고로 손꼽는 책이 바로 『천자문』이랍니다. 삶을 통찰하는 최고의 책으로 손꼽히니 여러분의 마음에 새겨서 자신의 것으로 만드는 것이 무엇보다 중요하답니다. 마음에 새겨 놓으면 어떤 일이 닥쳐왔을 때 지혜를 발휘할 수 있기 때문이지요.

* 매일매일 천자문 문장을 하나씩 소리 내어 익혀봅시다. 스스로 학습 시간을 정해서 천자문의 문장을 소리 내어 읽고 직접 손으로 쓰면서 마음에 새기도록 합니다. 우리의 생활에 꼭 필요한 내용들을 담고 있기 때문에 내면이 바르고 성숙한 인격체로 성장할 수 있도록 도와줍니다.

* 두뇌 발달과 사고력 증가, 집중력 강화에 좋아요. 우리의 뇌에는 손과 연결된 신경세포가 가장 많습니다. 손가락을 많이 움직이면 뇌세포가 자극을 받아 두뇌 발달을 돕게 됩니다. 어르신들의 치료와 질병 예방을 위해 손가락 운동을 권장하는 것도 뇌를 활성화시키기 위해서랍니다. 많은 연구자들의 결과가 증명하듯 글씨를 쓰면서 학습하면 우리의 뇌가 활성화되고 기억력이 증진되어 학습효과가 월등히 좋아진답니다.

* 혼자서도 맵시 있고, 단정하고, 예쁘고 바른 글씨체를 익힐 수 있습니다. 천자문의 문장을 쓰다 보면 삐뚤빼뚤하던 글씨가 가지런하고 예쁜 글씨로 바뀌게 된답니다. 글씨는 예부터 인격을 대변한다고 하잖아요. 명언을 익히면서 가장 효율적인 학습효과를 내는 스스로 학습하는 힘을 길러줌과 동시에 단정하고 예쁜 글씨를 쓸 수 있도록 이끌어 줄 거예요.

★ 한자의 형성 원리

1. 상형문자(象形文字) : 사물의 모양과 형태를 본뜬 글자

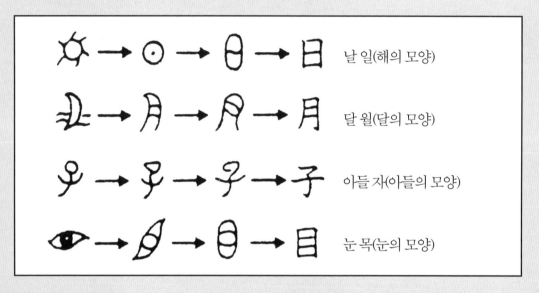

☼ → ⊙ → 日 → 日　　날 일(해의 모양)

☽ → 月 → 月 → 月　　달 월(달의 모양)

♀ → 子 → 子 → 子　　아들 자(아들의 모양)

👁 → 目 → 目 → 目　　눈 목(눈의 모양)

2. 지사문자(指事文字) : 사물의 모양으로 나타낼 수 없는 뜻을 점이나 선 또는
　　　　　　　　　　　　부호로 나타낸 글자

丶 → ⊥ → 上 → 上　　위 상(위를 뜻함)

中 → 中 → 中 → 中　　가운데 중(가운데를 뜻함)

丅 → 丅 → 丂 → 下　　아래 하(아래를 뜻함)

木 → 木 → 本 → 本　　근본 본(뿌리를 뜻함)

3. **회의문자**(會意文字) : 이미 만들어진 글자를 2개 이상 합한 글자

　　人(사람 인) + 言(말씀 언) = 信(믿을 신) : 사람의 말은 믿는다.

　　田(밭 전) + 力(힘 력) = 男(사내 남) : 밭에서 힘써 일하는 사람.

　　日(날 일) + 月(달 월) = 明(밝을 명) : 해와 달이 밝다.

　　人(사람 인) + 木(나무 목) = 休(쉴 휴) : 사람이 나무 아래서 쉬다.

4. **형성문자**(形聲文字) : 뜻을 나타내는 부분과 음을 나타내는 부분을 합한 글자

　　口(큰입 구) + 未(아닐 미) = 味(맛볼 미)　　左意右音 좌의우음

　　工(장인 공) + 力(힘 력) = 功(공 공)　　　　右意左音 우의좌음

　　田(밭 전) + 介(끼일 개) = 界(지경 계)　　　上意下音 상의하음

　　相(서로 상) + 心(마음 심) = 想(생각 상)　　下意上音 하의상음

　　口(큰입 구) + 古(옛 고) = 固(굳을 고)　　　外意内音 외의내음

　　門(문 문) + 口(입 구) = 問(물을 문)　　　　内意外音 내의외음

5. **전주문자**(轉注文字) : 있는 글자에 그 소리와 뜻을 다르게 굴리고(轉)

　　　　　　　　　　　　　끌어내어(注) 만든 글자

　　樂(풍류 악) → (즐길 락 · 좋아할 요)　　예) 音樂(음악), 娛樂(오락)

　　惡(악할 악) → (미워할 오)　　　　　　　예) 善惡(선악), 憎惡(증오)

　　長(긴 장) → (어른 · 우두머리 장)　　　　예) 長短(장단), 課長(과장)

6. **가차문자**(假借文字) : 본 뜻과 관계없이 음만 빌어 쓰는 글자를 말하며 한자의 조사,

　　　　　　　　　　　　　동물의 울음소리, 외래어를 한자로 표기할 때 쓰인다.

　　東天紅(동천홍) → 닭의 울음소리

　　然(그럴 연) → 그러나(한자의 조사)

　　亞米利加(아미리가) → America(아메리카)

　　可口可樂(가구가락) → Cocacola(코카콜라)

　　弗(불) → $(달러, 글자 모양이 유사함)

　　伊太利(이태리) → Italy(이탈리아)

　　亞細亞(아세아) → Asia(아세아)

★ 한자 쓰기의 기본 원칙

1. 위에서 아래로 쓴다.
   言(말씀 언) → ￣ 二 ᆖ 言 言 言
   雲(구름 운) → ￣ 一 广 币 币 雨 雷 雲 雲 雲

2. 왼쪽에서 오른쪽으로 쓴다.
   江(강 강) → ﹅ ﹅ 氵 汀 江 江
   例(법식 예) → ノ 亻 亻 侈 侈 例 例

3. 가로획과 세로획이 겹칠 때는 가로획을 먼저 쓴다.
   用(쓸 용) → 丿 冂 月 月 用
   共(함께 공) → 一 十 艹 共 共 共

4. 삐침과 파임이 만날 때는 삐침을 먼저 쓴다.
   人(사람 인) → 丿 人
   文(글월 문) → 丶 二 亠 文

5. 좌우가 대칭될 때에는 가운데를 먼저 쓴다.
   小(작을 소) → 亅 小 小
   承(받들 승) → ﹂ 了 孑 手 手 承 承 承

6. 둘러 싼 모양으로 된 자는 바깥쪽을 먼저 쓴다.
   同(같을 동) → 丨 冂 冃 同 同 同
   病(병날 병) → 丶 亠 广 广 疒 疒 疒 病 病 病

7. 글자를 가로지르는 가로획은 나중에 긋는다.
   女(여자 녀) → ㇑ 女 女
   母(어미 모) → ㇑ 口 口 口 母

8. 글자 전체를 꿰뚫는 세로획은 나중에 쓴다.
   車(수레 거) → ￣ 匚 冂 百 亘 車
   事(일 사) → ￣ 匚 冂 戸 亘 亭 事

9. 책받침(辶, 廴)은 나중에 쓴다.
   近(원근 근) → ´ ⺁ ⺊ 斤 沂 近 近
   建(세울 건) → ⁊ ⁊ ⺕ ⺕ ⺕ 聿 律 建 建

10. 오른쪽 위에 점이 있는 글자는 그 점을 나중에 찍는다.
   犬(개 견) → 一 ナ 大 犬
   成(이룰 성) → 丿 ⺁ 厂 厉 成 成 成

■ 한자의 기본 점(點)과 획(劃)
   (1) 점
   ① 「ノ」: 왼점   ② 「丶」: 오른점
   ③ 「丶」: 오른 치킴   ④ 「ノ」: 오른점 삐침
   (2) 직선
   ⑤ 「一」: 가로긋기   ⑥ 「丨」: 내리긋기
   ⑦ 「一」: 평갈고리   ⑧ 「亅」: 왼 갈고리
   ⑨ 「ﾚ」: 오른 갈고리
   (3) 곡선
   ⑩ 「ノ」: 삐침   ⑪ 「ノ」: 치킴
   ⑫ 「丶」: 파임   ⑬ 「辶」: 받침
   ⑭ 「亅」: 굽은 갈고리   ⑮ 「乀」: 지게다리
   ⑯ 「乀」: 누운 지게다리   ⑰ 「乚」: 새가슴

天地는 玄黃이고 宇宙는 洪荒이라
천 지 현 황 우 주 홍 황

하늘은 검고 땅은 누르며, 우주는 넓고도 크다.

天	7급 大 4획	天			宇	3급 宀 6획	宇		
하늘 천	天天天天				집 우	宇宇宇宇宇宇			
地	7급 土 6획	地			宙	3급 宀 8획	宙		
땅 지	地地地地地地				집 주	宙宙宙宙宙宙宙宙			
玄	3급 玄 5획	玄			洪	3급 水 9획	洪		
검을 현	玄玄玄玄玄				넓을 홍	洪洪洪洪洪洪洪洪洪			
黃	6급 黃 12획	黃			荒	3급 艸 10획	荒		
누를 황	黃黃黃黃黃黃黃黃黃黃黃				거칠 황	荒荒荒荒荒荒荒荒荒荒			

日月은 盈昃하고 辰宿은 列張이라
일월 영측 진수 열장

해와 달은 차고 기울며, 별과 별자리들은 벌여 있다.

日	8급 日 4획	日	
날 **일**		ㅣ 冂 冃 日	

月	8급 月 4획	月	
달 **월**		刀 月 月 月	

盈	2급 皿 9획	盈	
찰 **영**		盈 乃 及 盈 盈 盈 盈 盈	

昃	무급 日 8획	昃	
기울 **측**		昃 尺 尺 昃 昃 昃 昃 昃	

辰	3급 辰 7획	辰	
별 **진·신**		辰 辰 辰 辰 辰 辰 辰	

宿	5급 宀 11획	宿	
별자리 **수** (잘 **숙**)		宿 宿 宿 宿 宿 宿 宿 宿 宿 宿	

列	4급 刀 6획	列	
벌릴 **렬**		列 列 列 列 列 列	

張	4급 弓 11획	張	
베풀 **장**		張 張 張 張 張 張 張 張 張 張	

13

寒來暑往하고 秋收冬藏이라
한 래 서 왕 　 추 수 동 장

추위가 오면 더위는 가고, 가을에는 거둬들이고 겨울에는 갈무리하여 둔다.

寒	5급 宀 12획	寒			秋	7급 禾 9획	秋		
찰 **한**		寒寒寒寒寒寒寒寒寒寒			가을 **추**		秋秋秋秋秋秋秋秋秋		
來	7급 人 8획	來			收	4급 攵 6획	收		
올 **래**		來來來來來來來來			거둘 **수**		收收收收收收		
暑	3급 日 13획	暑			冬	7급 冫 5획	冬		
더위 **서**		暑暑暑暑暑暑暑暑暑暑暑暑暑			겨울 **동**		冬冬冬冬冬		
往	4급 彳 8획	往			藏	3급 艹 18획	藏		
갈 **왕**		往往往往往往往往			감출 **장**		藏藏藏藏藏藏藏藏藏藏藏藏藏藏		

閏餘로 成歲하고 律呂로 調陽이라
윤 여 성 세 율 려 조 양

윤달이 남아 해를 이루고, 육률과 육려로 음양(陰陽)을 어우러지게
한다.

閏	3급 門 12획	閏			律	4급 彳 9획	律		
윤달 **윤**	閏閏閏閏閏門門門門閏閏閏				법 **률**	律律律彳律律律律律			

餘	4급 食 16획	餘			呂	2급 口 7획	呂		
남을 **여**	餘餘餘餘食餘餘餘餘				곡조 **려**	呂呂呂呂呂呂呂			

成	6급 戈 7획	成			調	5급 言 15획	調		
이룰 **성**	成厂厃成成成				고를 **조**	調調調調調訓訶訶調調			

歲	5급 止 13획	歲			陽	6급 阝 12획	陽		
해 **세**	歲歲歲歲歲歲歲歲歲歲歲歲歲				볕 **양**	陽阝陽陽陽陽陽陽陽陽陽			

雲騰하야 致雨하고 露結하야 爲霜이라
운 등　　　　치 우　　　　노 결　　　　위 상

구름이 올라 비가 되고, 이슬이 엉기어 서리가 된다.

雲	5급 雨 12획	雲
구름 운		雲雲雲雲雲雲雲雲雲雲雲

露	3급 雨 20획	露
이슬 로		露露露露露露露露露露露露露

騰	2급 馬 20획	騰
오를 등		朕朕朕朕朕朕朕騰騰騰騰騰

結	5급 糸 12획	結
맺을 결		結結結結結結結結結結

致	5급 至 10획	致
이를 치		致致致致致致致致致致

爲	4급 爪 12획	爲
할 위		爲爲爲爲爲爲爲爲爲爲

雨	5급 雨 8획	雨
비 우		雨雨雨雨雨雨雨雨

霜	3급 雨 17획	霜
서리 상		霜霜霜霜霜霜霜霜霜霜霜

16

金은 生麗水하고 玉은 出崑岡이라
금 생 려 수 옥 출 곤 강

금은 여수(麗水)에서 나고, 구슬은 곤륜산(崑崙山)에서 나온다.

金	8급 金 8획	金		
쇠 **금**	𠆢 𠆢 金 全 全 全 金 金			

玉	4급 玉 5획	玉		
구슬 **옥**	玉 玉 王 玉 玉			

生	8급 生 5획	生		
날 **생**	生 生 生 生 生			

出	7급 凵 5획	出		
날 **출**	出 出 出 出 出			

麗	4급 鹿 19획	麗		
고울 **려**	麗 麗 麗 麗 麗 麗 麗 麗 麗 麗 麗 麗			

崑	무급 山 11획	崑		
뫼 **곤**	崑 崑 崑 崑 崑 崑 崑 崑 崑 崑 崑			

水	8급 水 4획	水		
물 **수**	小 水 水 水			

岡	2급 山 8획	岡		
뫼 **강**	岡 冂 冈 岡 岡 岡 岡 岡			

劍은 號巨闕하고 珠는 稱夜光하니라
검 호 거 궐 주 칭 야 광

칼 가운데는 거궐(巨闕)이 이름났고, 구슬 가운데는 야광(夜光)이 일컬어진다.

劍	3급 刂 15획	劍				珠	2급 王 10획	珠			
칼 검	劍劍劍劍劍劍劍劍劍劍劍					구슬 주	珠珠珠珠珠珠珠珠珠珠				
號	6급 虍 13획	號				稱	4급 禾 14획	稱			
부를 호	號號號號號號號號號號號					일컬을 칭	稱稱稱稱稱稱稱稱稱稱稱				
巨	4급 工 5획	巨				夜	6급 夕 8획	夜			
클 거	巨巨巨巨巨					밤 야	夜夜夜夜夜夜夜夜				
闕	2급 門 18획	闕				光	6급 儿 6획	光			
대궐 궐	闕闕闕闕門門門門門門闕闕闕					빛 광	光光光光光光				

果는 珍李奈하고 菜는 重芥薑이라
과 　진 리 내 　채 　중 개 강

과일로는 오얏과 버찌를 보배롭게 여기고, 채소로는 겨자와 생강을 중요하게 여긴다.

果	6급 木 8획	果			菜	3급 艸 12획	菜		
과실 **과**	果果果果果果果果				나물 **채**	菜菜菜菜菜菜菜菜菜菜			

珍	4급 王 9획	珍			重	7급 里 9획	重		
보배 **진**	珍珍王王珍珍珍珍				무거울 **중**	重重重重重重重重重			

李	6급 木 7획	李			芥	1급 艸 8획	芥		
오얏 **리**	李十才木本李李				겨자 **개**	芥芥芥芥芥芥芥芥			

奈	무급 木 9획	奈			薑	1급 艸 17획	薑		
어찌 **내**	奈十才木本本李奈奈				생강 **강**	薑薑薑薑薑薑薑薑薑薑薑			

海는 鹹하고 河는 淡하며
해 함   하 담
鱗은 潛하고 羽는 翔이라
인 잠   우 상

바닷물은 짜고 민물은 심심하며, 비늘 달린 물고기는 물속 깊이 잠기고 깃털 달린 새는 날아다닌다.

海	7급 水 10획	海		鱗	1급 魚 23획	鱗	
바다 **해**	海海海海泊海海海海			비늘 **린**	鱗刍刍刍魚魚鲜鲜鳞鳞鳞鳞鳞鳞		
鹹	무급 鹵 20획	鹹		潛	3급 水 15획	潛	
짤 **함**	鹹卢贞肉肉肉肉卤卤贞贞贞鹹鹹			잠길 **잠**	潛潛潛潛潛潛潛潛潛潛		
河	5급 水 8획	河		羽	3급 羽 6획	羽	
물 **하**	河河河河河河河河			깃 **우**	丿丨丨丬羽羽羽		
淡	3급 水 11획	淡		翔	1급 羽 12획	翔	
맑을 **담**	淡淡淡淡淡淡淡淡淡淡淡			날 **상**	翔翔羽羽羽翔翔翔		

龍師火帝와 鳥官人皇이라
용 사 화 제 　 조 관 인 황

복희씨는 용으로 벼슬 이름을 하였고, 신농씨는 불을 숭상하였으며, 소호씨는 새 이름으로 벼슬 이름을 하였고, 황제는 사람의 문화(文化)를 열었다.

龍	4급 龍 16획			鳥	4급 鳥 11획		
용 룡	龍龍龍立产产产育育育龍龍龍			새 조	鳥鳥鳥鳥鳥鳥鳥鳥鳥鳥鳥		

師	4급 巾 10획			官	4급 宀 8획		
스승 사	師師師師師師師師師師			벼슬 관	官官官官官官官官		

火	8급 火 4획			人	8급 人 2획		
불 화	火火火火			사람 인	人人		

帝	4급 巾 9획			皇	3급 白 9획		
임금 제	帝帝帝帝帝帝帝帝帝			임금 황	皇皇皇皇皇皇皇皇皇		

始制文字하고 乃服衣裳이라
시 제 문 자　　　내 복 의 상

비로소 글자를 만들었고, 처음으로 윗옷과 치마를 입었다.

始	6급 女 8획	始		
비로소 **시**	始始始始始始始			

乃	3급 ノ 2획	乃		
이에 **내**	乃乃			

制	4급 刀 8획	制		
지을 **제**	制制制制制制制制			

服	6급 月 8획	服		
입을 **복**	服服服服服服服			

文	7급 文 4획	文		
글월 **문**	文文文文			

衣	6급 衣 6획	衣		
옷 **의**	衣衣衣衣衣衣			

字	7급 宀 6획	字		
글자 **자**	字字字字字字			

裳	3급 衣 14획	裳		
치마 **상**	裳裳裳裳裳裳裳裳裳裳			

推位讓國은 有虞陶唐이라
추 위 양 구 유 우 도 당

자리를 물려주고 나라를 선양(禪讓)한 왕은 요임금과 순임금이다.

推	4급 手 11획	推		
밀 **추**	推 扌 扌 扩 扩 扩 扩 推 推 推			

有	7급 月 6획	有		
있을 **유**	丿 ナ 冇 有 有 有			

位	5급 人 7획	位		
자리 **위**	位 亻 亻 个 伫 位 位			

虞	1급 虍 13획	虞		
나라이름 **우**	虞 虍 虍 虍 虍 虍 虍 虞 虞 虞			

讓	3급 言 24획	讓		
사양할 **양**	讓 讓 讓 讓 讓 讓 讓 讓 讓 讓			

陶	3급 阝 11획	陶		
질그릇 **도**	陶 阝 阝 阝 阝 阝 陶 陶 陶 陶			

國	8급 口 11획	國		
나라 **국**	國 國 冂 冋 同 同 國 國 國 國			

唐	3급 口 10획	唐		
당나라 **당**	唐 唐 广 广 序 序 唐 唐 唐 唐			

弔民伐罪는 周發殷湯하니라
조 민 벌 죄　　주 발 은 탕

백성들을 위로하고 죄지은 사람을 친 것은, 주나라 무왕 발과 은나라 탕임금이다.

弔	3급 弓 4획	弔			周	4급 口 8획	周		
조상할 **조**	弔弔弓弔				두루 **주**	周周周用周周周周			

民	8급 氏 5획	民			發	6급 癶 12획	發		
백성 **민**	民民民民民				필 **발**	發發發發發發發發發發			

伐	4급 人 6획	伐			殷	2급 殳 10획	殷		
칠 **벌**	伐伐伐代伐伐				성할 **은**	殷殷殷殷殷殷殷殷殷殷			

罪	5급 网 13획	罪			湯	3급 水 12획	湯		
허물 **죄**	罪罪罪罪罪罪罪罪罪罪				끓을 **탕**	湯湯湯湯湯湯湯湯湯湯湯			

坐朝問道하고 垂拱平章이라
좌 조 문 도　　　수 공 평 장

조정에 앉아 도(道)를 묻고, 옷자락을 드리우고 팔짱만 끼고 있어도 잘 다스려진다.

坐	3급 土 7획		垂	2급 土 8획	
앉을 **좌**	坐 坐 坐 坐 坐 坐 坐		드리울 **수**	垂 垂 垂 垂 垂 垂 垂 垂	

朝	6급 月 12획		拱	1급 手 9획	
아침 **조**	朝 朝 朝 朝 朝 卓 卓 卓 朝 朝 朝		팔짱낄 **공**	拱 扌 扌 扌 扗 拱 拱 拱	

問	7급 口 11획		平	7급 干 5획	
물을 **문**	問 門 門 門 門 門 門 門 門 問 問		평탄할 **평**	平 平 平 平 平	

道	7급 辵 13획		章	6급 立 11획	
길 **도**	道 道 道 首 首 首 首 道 道 道		글 **장**	章 章 章 章 章 音 音 音 章 章

25

愛育黎首하고 臣伏戎羌하라
애 육 려 수   신 복 융 강

백성을 사랑하여 기르고, 오랑캐들도 신하가 되어 복종한다.

愛	6급 心 13획	愛
아낄 **애**	愛愛愛愛愛愛愛愛愛愛愛	

臣	5급 臣 6획	臣
신하 **신**	臣臣臣臣臣臣臣	

育	7급 肉 8획	育
기를 **육**	育育育育育育育育	

伏	4급 人 6획	伏
엎드릴 **복**	伏伏伏伏伏伏	

黎	1급 黍 12획	黎
검을 **려**	黎黎黎黎黎黎黎黎黎黎	

戎	1급 戈 6획	戎
오랑캐 **융**	戎戎戎戎戎戎	

首	5급 首 9획	首
머리 **수**	首首首首首首首首	

羌	무급 羊 8획	羌
오랑캐 **강**	羌羌羌羌羌羌羌	

遐邇壹體하여 率賓歸王이라
하 이 일 체 솔 빈 귀 왕

멀고 가까운 데를 똑같은 것으로 보아 거느리고 와서 천자에게 귀의한다.

遐	1급 辵 13획	遐
멀 **하**	遐遐遐遐遐遐遐遐遐遐遐遐遐	

率	3급 玄 11획	率
거느릴 **솔**	率率率率玄玄率率率率率	

邇	무급 辵 18획	邇
가까울 **이**	邇邇爾爾爾爾爾邇邇邇	

賓	3급 貝 14획	賓
손 **빈**	賓賓賓賓賓賓賓賓賓	

壹	3급 士 12획	壹
하나 **일**	壹壹壹壹壹壹壹壹壹	

歸	4급 止 18획	歸
돌아갈 **귀**	歸歸歸歸歸歸歸歸歸歸歸	

體	6급 骨 23획	體
몸 **체**	體體體體骨骨體體體體	

王	8급 王 4획	王
임금 **왕**	王王王王	

鳴鳳은 在樹하고 白駒은 食場이라
명 봉 재 수 백 구 식 장

우는 봉황새는 나무에 깃들어 있고, 흰 망아지는 마당에서 풀을 뜯는다.

鳴	4급 鳥 14획	鳴
울 **명**	鳴鳴鳴鳴鳴鳴鳴鳴	

白	8급 白 5획	白
흰 **백**	白白白白白	

鳳	3급 鳥 14획	鳳
봉황 **봉**	鳳凡凡凤凤鳳鳳鳳鳳鳳	

駒	1급 馬 15획	駒
망아지 **구**	駒駒駒駒馬馬駒駒駒	

在	6급 土 6획	在
있을 **재**	在在在在在在	

食	7급 食 9획	食
밥 **식**	食食食食食食食食食	

樹	6급 木 16획	樹
나무 **수**	樹樹樹樹樹樹樹樹樹樹	

場	7급 土 12획	場
마당 **장**	場場場場場場場場場	

化는 被草木하고 賴는 及萬方하니라
화   피초목   뢰   급만방

덕화(德化)는 풀과 나무에까지 미치고, 힘입음이 온 누리에 미친다.

化	5급 匕 4획	化
될 **화**	化化化化	

賴	3급 貝 16획	賴
힘입을 **뢰**	頼頼束束束軿軿軿賴賴賴	

被	3급 衣 10획	被
입을 **피**	被被被被被初初初被被	

及	3급 又 4획	及
미칠 **급**	丿乃乃及	

草	7급 艸 10획	草
풀 **초**	草草草草芦芦苔草草	

萬	8급 艸 13획	萬
일만 **만**	萬萬萬萬苪萬萬萬萬萬	

木	8급 木 4획	木
나무 **목**	木十才木	

方	7급 方 4획	方
모 **방**	方方方方	

蓋此身髮은 四大五常이라
개 차 신 발 사 대 오 상

무릇 이 몸과 터럭은 네 가지 큰 것과 다섯 가지 떳떳함이 있다.

蓋	3급 艸 14획	蓋				四	8급 口 5획	四			
덮을 **개**	蓋蓋蓋蓋蓋蓋蓋蓋蓋蓋					넉 **사**	四口四四四				
此	3급 止 6획	此				大	8급 大 3획	大			
이 **차**	此此此此此此					클 **대**	大大大				
身	6급 身 7획	身				五	8급 二 4획	五			
몸 **신**	身身身身身身					다섯 **오**	五五五五				
髮	4급 髟 15획	髮				常	4급 巾 11획	常			
터럭 **발**	髮髮髮髮髮髮髮髮髮髮髮					떳떳할 **상**	常常常常常常常常常常				

恭惟鞠養하니 豈敢毁傷이리오
공 유 국 양　　기 감 훼 상

공손히 길러 주신 것을 생각할지니, 어찌 함부로 헐고 다치게 할 수 있으랴.

恭	3급 心 10획	恭
공손할 **공**	恭 恭 恭 恭 共 共 恭 恭 恭 恭	

豈	3급 豆 10획	豈
어찌 **기**	豈 豈 豈 豈 豈 豈 豈 豈 豈 豈	

惟	3급 心 11획	惟
오직 **유**	惟 惟 忄 忄 忄 忄 忄 忄 惟 惟	

敢	4급 攵 12획	敢
굳셀 **감**	敢 敢 敢 敢 敢 敢 耳 耴 敢 敢 敢	

鞠	2급 革 17획	鞠
기를 **국**	鞠 鞠 苫 苫 苫 革 靮 靮 鞠 鞠 鞠 鞠	

毁	3급 殳 13획	毁
헐 **훼**	毁 毁 毁 臼 毁 毁 臼 皇 皇 毁 毁 毁	

養	5급 食 15획	養
기를 **양**	養 養 羊 美 美 養 養 養 養 養	

傷	4급 人 13획	傷
상할 **상**	傷 傷 亻 亻 傷 傷 傷 傷 傷 傷	

女는 慕貞烈하고 男은 效才良하니라
여　　모 정 렬　　　남　　효 재 량

여자는 지조가 곧고 굳셈을 그리워하고, 남자는 재주와 어짐을 본
받아야 한다.

女	8급 女 3획	女						
여자 녀		女女女						

慕	3급 心 15획	慕						
사모할 모		慕慕慕慕慕慕慕慕慕						

貞	3급 貝 9획	貞						
곧을 정		貞貞貞貞貞貞貞貞						

烈	4급 火 10획	烈						
매울 렬		烈烈烈烈烈烈烈烈烈烈						

男	7급 田 7획	男						
사내 남		男男男男男男男						

效	5급 攵 10획	效						
본받을 효		效效效效效效效效效效						

才	6급 手 3획	才						
재주 재		才才才						

良	5급 艮 7획	良						
어질 량		良良良良良良良						

知過면 必改하고 得能이면 莫忘하라
지 과 　　필 개 　　　　득 능 　　　막 망

허물을 알면 반드시 고쳐야 하고, 할 수 있게 되면 잊지 않아야 한다.

知	5급 矢 8획	知
알 **지**		知知仁失矢知知知

得	4급 彳 11획	得
얻을 **득**		得得得得得得得得得得得

過	5급 辶 13획	過
지날 **과**		過過過咼咼咼過過過

能	5급 肉 10획	能
능할 **능**		能能能能能能能能能能

必	5급 心 5획	必
반드시 **필**		必必必必必

莫	3급 艸 11획	莫
말 **막**		莫莫莫莫莫莫莫莫莫莫莫

改	5급 攵 7획	改
고칠 **개**		改改改改改改改

忘	3급 心 7획	忘
잊을 **망**		忘忘忘忘忘忘忘

罔談彼短하고 靡恃己長하라
망 담 피 단　　미 시 기 장

남의 모자란 점을 말하지 말고, 자기의 좋은 점을 믿지 마라.

罔	3급 网 8획	罔
말 **망**	罔冂冈冈冈罔罔罔	

靡	1급 非 19획	靡
없을 **미**	靡靡靡靡靡靡靡靡靡靡	

談	5급 言 15획	談
말씀 **담**	談談談談談談談談談	

恃	무급 心 9획	恃
믿을 **시**	恃恃恃恃恃恃恃恃恃	

彼	3급 彳 8획	彼
저 **피**	彼彼彼彼彼彼彼彼	

己	5급 己 3획	己
몸 **기**	己己己	

短	6급 矢 12획	短
짧을 **단**	短短短短短短短短短短	

長	8급 長 8획	長
긴 **장**	長長長長長長長長	

信은 使可覆이오 器는 欲難量이니라
신   사 가 복   기   욕 난 량

약속은 실천할 수 있게 하고, 그릇은 헤아리기 어렵게끔 되고자 하라.

信	6급 人 9획	信		
믿을 **신**	信信信信信信信信信			

器	4급 口 16획	器		
그릇 **기**	器器器器哭哭器器			

使	6급 人 8획	使		
부릴 **사**	使使使使使使使使			

欲	3급 欠 11획	欲		
하고자할 **욕**	欲欲欲欠欠欲谷谷欲欲欲			

可	5급 口 5획	可		
옳을 **가**	可可可可可			

難	4급 隹 19획	難		
어려울 **난**	難難難難莫莫莫莫難難難			

覆	2급 西 18획	覆		
덮을 **복**	覆覆覆覆覆覆覆覆覆覆			

量	5급 里 12획	量		
헤아릴 **량**	量量量量量量量量量			

墨은 悲絲染하고 詩는 讚羔羊이라
묵 비사염 시 찬고양

묵자(墨子)는 흰 실이 물드는 것을 보고 슬퍼하였고, 시(詩)에서는 고양편(羔羊篇)을 기렸느니라.

墨	3급 土 15획	墨	
먹 묵	墨墨墨墨墨墨墨墨墨墨		
悲	4급 心 12획	悲	
슬플 비	悲悲悲悲悲悲悲悲		
絲	4급 糸 12획	絲	
실 사	絲絲絲絲絲絲絲絲		
染	3급 木 9획	染	
물들일 염	染染染染染染染染		

詩	4급 言 13획	詩	
글 시	詩詩詩詩詩詩詩詩		
讚	4급 言 26획	讚	
기릴 찬	讚讚讚讚讚讚讚讚讚讚讚		
羔	무급 羊 10획	羔	
염소 고	羔羔羔羔羔羔羔羔羔羔		
羊	4급 羊 6획	羊	
양 양	羊羊羊羊羊羊		

景行은 維賢이요 剋念은 作聖이니라
경 행 유 현 극 념 작 성

큰 도(道)를 행하면 어진 사람이 되니, 능히 생각하면 성인(聖人)이 될 수 있다.

景	5급 日 12획	景			
볕 경		景景景景景景景景			

剋	3급 刂 9획	剋			
이길 극		剋剋剋剋剋克克剋			

行	6급 行 6획	行			
다닐 행		行行行行行行			

念	5급 心 8획	念			
생각할 념		念念念念念念念念			

維	3급 糸 14획	維			
맬 유		維維維糸糸紙維維維			

作	6급 人 7획	作			
지을 작		作作作作作作作			

賢	4급 貝 15획	賢			
어질 현		賢賢賢賢賢賢賢賢賢賢			

聖	4급 耳 13획	聖			
성인 성		聖聖聖聖聖聖聖聖			

德建이면 名立하고 形端이면 表正하니라
덕 건   명 립   형 단   표 정

덕이 세워지면 이름이 서고, 용모가 단정하면 겉모습도 똑바르게 된다.

德	5급 彳 15획	德			形	6급 彡 7획	形		
큰 덕	德德德德德德德德德				형상 형	形形形形形形形			

建	5급 廴 9획	建			端	4급 立 14획	端		
세울 건	建建建建建建建建				끝 단	端端端端端端端端端端			

名	7급 口 6획	名			表	6급 衣 8획	表		
이름 명	名名名名名名				겉 표	表表表表表表表表			

立	7급 立 5획	立			正	7급 止 5획	正		
설 립	立立立立立				바를 정	正正正正正			

空谷에 傳聲하고 虛堂에 習聽하니라
공 곡　　　전 성　　　　허 당　　　습 청

빈 골짜기에는 소리가 전해지고, 빈 집에서는 들음을 익힌다.

空	7급 穴 8획	空				虛	4급 虍 12획	虛			
빌 **공**	空空空空空空空空					빌 **허**	虛虛虛虛虛虛虛虛虛虛				

谷	3급 谷 7획	谷				堂	6급 土 11획	堂			
골 **곡**	谷谷谷谷谷谷谷					집 **당**	堂堂堂堂堂堂堂堂堂堂堂				

傳	5급 人 13획	傳				習	6급 羽 11획	習			
전할 **전**	傳傳傳傳傳傳傳傳傳傳					익힐 **습**	習習習習習習習習習				

聲	4급 耳 17획	聲				聽	4급 耳 22획	聽			
소리 **성**	聲聲聲聲聲聲聲聲聲聲聲					들을 **청**	聽聽聽聽聽聽聽聽聽聽聽				

禍는 因惡積이요 福은 緣善慶이라
화   인악적   복   연선경

언짢은 일은 악한 일이 쌓인 데서 인연하고, 복은 착한 일의 경사로움에서 인연한다.

禍	3급 示 14획	禍			福	5급 示 14획	福		
재앙 화	禍禍禍禍禍禍禍				복 복	福福福福福福福福福			

因	5급 口 6획	因			緣	4급 糸 15획	緣		
인할 인	因因因因因因				인연 연	緣緣緣緣緣緣緣緣緣緣緣			

惡	5급 心 12획	惡			善	5급 口 12획	善		
악할 악	惡惡惡惡惡惡惡惡惡惡				착할 선	善善善善善善善善善善			

積	4급 禾 16획	積			慶	4급 心 15획	慶		
쌓을 적	積積積積積積積積積				경사 경	慶慶慶慶慶慶慶慶慶慶			

尺璧은 非寶이니 寸陰을 是競하라
척 벽　　비 보　　촌 음　　시 경

한 자 되는 구슬이 보배는 아니니, 짧은 시간이라도 아껴야 한다.

尺	3급 尸 4획	尺				寸	8급 寸 3획	寸			
자 **척**	尺尺尺尺					마디 **촌**	一寸寸				

璧	1급 玉 18획	璧				陰	4급 阝 11획	陰			
구슬 **벽**	璧璧璧璧璧璧璧璧璧璧璧					그늘 **음**	陰陰陰陰陰陰陰陰陰陰陰				

非	4급 非 8획	非				是	4급 日 9획	是			
아닐 **비**	丿丿丬非非非非非					이 **시**	是是是是是是是是是				

寶	4급 宀 20획	寶				競	5급 立 20획	競			
보배 **보**	寶寶寶寶寶寶寶寶寶寶寶					다툴 **경**	競競競競競競競競競競競				

資父事君하니 曰 嚴與敬이라
자 부 사 군　　왈 엄 여 경

어버이 섬기는 것을 바탕으로 임금을 섬기니, 엄숙함과 공경함이
그것이다.

資	4급 貝 13획	資
바탕 **자**	資資資資資資資資資	

曰	3급 曰 4획	曰
가로 **왈**	曰口曰曰	

父	8급 父 4획	父
아비 **부**	父父父父	

嚴	4급 口 20획	嚴
엄할 **엄**	嚴嚴嚴嚴嚴嚴嚴嚴嚴嚴	

事	7급 亅 8획	事
일 **사**	事事事事事事事事	

與	4급 臼 14획	與
더불 **여**	與與與與與與與與與	

君	4급 口 7획	君
임금 **군**	君君君君君君君	

敬	5급 攵 13획	敬
공경 **경**	敬敬敬敬敬敬敬敬敬敬	

孝는 當竭力하고 忠은 則盡命하라
효 당갈력 충 즉진명

효도는 마땅히 힘을 다하여야 하고, 충성은 목숨을 다하여야 한다.

孝	7급 子 7획	孝			忠	4급 心 8획	忠		
효도 **효**	孝孝孝孝孝孝孝				충성 **충**	忠忠忠忠忠忠忠忠			
當	5급 田 13획	當			則	5급 刀 9획	則		
마땅 **당**	當當當當當當當當當當當				곧 **즉** 법칙 **칙**	則則則則則則則則則			
竭	1급 立 14획	竭			盡	4급 皿 14획	盡		
다할 **갈**	竭竭竭竭竭竭竭竭				다할 **진**	盡盡盡盡盡盡盡盡盡			
力	7급 力 2획	力			命	7급 口 8획	命		
힘 **력**	力力				목숨 **명**	命命命命命命命命			

43

臨深履薄하고 夙興溫凊하라
임 심 리 박　　숙 흥 온 정

깊은 물에 임한 듯 얇은 얼음을 밟은 듯이 하고, 일찍 일어나 따뜻한가 서늘한가를 살핀다.

臨	3급 臣 17획	臨				夙	1급 夕 6획	夙		
임할 **림**	臨臨臨臨臨臨臨臨臨					이를 **숙**	夙夙夙夙夙夙			

深	4급 水 11획	深				興	4급 臼 16획	興		
깊을 **심**	深深深深深深深深深深深					일어날 **흥**	興興興興興興興興興			

履	3급 尸 15획	履				溫	6급 水 13획	溫		
밟을 **리**	履履履履履履履履履					따뜻할 **온**	溫溫溫溫溫溫溫溫溫			

薄	3급 艸 17획	薄				凊	무급 冫 10획	凊		
얇을 **박**	薄薄薄薄薄薄薄薄薄薄薄					서늘할 **정** 서늘할 **청**	凊凊凊凊凊凊凊凊凊			

似蘭斯馨하고 如松之盛이라
사 란 사 형 　　　　 여 송 지 성

난초와 같이 향기롭고, 소나무와 같이 무성하리라.

似	3급 人 7획	似		
같을 **사**	似似似似似似			

蘭	3급 艸 21획	蘭		
난초 **란**	蘭蘭蘭蘭蘭蘭蘭蘭蘭蘭蘭蘭			

斯	3급 斤 12획	斯		
이 **사**	斯斯斯斯斯斯斯斯斯斯斯斯			

馨	2급 禾 18획	馨		
향기 **형**	馨馨馨馨馨馨馨馨馨馨馨馨			

如	4급 女 6획	如		
같을 **여**	如女女如如如			

松	4급 木 8획	松		
소나무 **송**	松松松松松松松松			

之	3급 ノ 4획	之		
갈 **지**	之之之			

盛	4급 皿 12획	盛		
성할 **성**	盛盛盛成成成成成盛盛盛盛			

川流不息하고 淵澄取映이라
천 류 불 식   연 징 취 영

냇물은 흘러 쉬지 않고, 못 물이 맑으면 비침을 얻을 수 있다.

川	7급 巛 3획	川		淵	2급 水 12획	淵
내 천	川 川 川			못 연	淵 淵 淵 淵 淵 淵 淵 淵 淵 淵	

流	5급 水 10획	流		澄	1급 水 15획	澄
흐를 류	流 流 流 流 流 流 流 流 流 流			맑을 징	澄 澄 澄 澄 澄 澄 澄 澄 澄 澄	

不	7급 一 4획	不		取	4급 又 8획	取
아니 불	不 不 不 不			취할 취	取 取 取 取 取 取 取 取	

息	4급 心 10획	息		映	4급 日 9획	映
쉴 식	息 息 息 息 息 息 息 息 息			비칠 영	映 映 映 映 映 映 映 映	

46

容止는 若思하고 言辭는 安定하라
용 지 약 사 언 사 안 정

매무새와 몸가짐을 생각하는 듯이 하고, 말소리는 조용하고 안정
되게 해야 한다.

容	4급 宀 10획	容
얼굴 **용**	容容容容容容突突容容	

言	6급 言 7획	言
말씀 **언**	言言言言言言言	

止	5급 止 4획	止
그칠 **지**	止止止止	

辭	4급 辛 19획	辭
말씀 **사**	辭辭辭辭辭辭辭辭辭辭	

若	3급 艸 9획	若
같을 **약**	若若若若若若若若若	

安	7급 宀 6획	安
편안할 **안**	安安安安安安	

思	5급 心 9획	思
생각 **사**	思思思思思思思思思	

定	6급 宀 8획	定
정할 **정**	定定定定定定定定	

篤初誠美하고 愼終宜令이라
독 초 성 미   신 종 의 령

처음을 독실하게 함이 진실로 아름답고, 마무리를 삼가면 마땅히 좋은 것이 된다.

篤	3급 竹 16획	篤		愼	3급 心 13획	愼	
도타울 **독**	篤篤篤篤篤篤篤篤篤			삼갈 **신**	愼愼愼愼愼愼愼愼愼愼		

初	5급 刀 7획	初		終	5급 糸 11획	終	
처음 **초**	初初初初初初初			마칠 **종**	終終終終終終終終終終		

誠	4급 言 13획	誠		宜	3급 宀 8획	宜	
정성 **성**	誠誠誠誠誠誠誠誠			마땅 **의**	宜宜宜宜宜宜宜宜		

美	6급 羊 9획	美		令	5급 人 5획	令	
아름다울 **미**	美美美美美美美美			하여금 **령**	令令令令令令		

48

榮業은 所期요 籍甚無竟이라
영 업   소 기   자 심 무 경

영화로운 사업의 터전이 되는 바이고, 좋은 명예가 끝이 없으리라.

榮	4급 木 14획	榮		
영화 **영**	榮榮榮榮榮榮榮榮榮榮			

籍	1급 竹 20획	籍		
깔 **자** 문서 **적**	籍籍籍籍籍籍籍籍籍籍籍			

業	6급 木 13획	業		
일 **업**	業業業業業業業業業業業業			

甚	3급 甘 9획	甚		
심할 **심**	甚甚甚甚甚甚甚甚甚			

所	7급 戶 8획	所		
바 **소**	所所所戶戶所所所			

無	5급 火 12획	無		
없을 **무**	無無無無無無無無無無無無			

基	5급 土 11획	基		
터 **기**	基基基基基其其其其基			

竟	3급 立 11획	竟		
마칠 **경**	竟竟竟竟竟竟音音音竟竟			

學優登仕하여 攝職從政이라
학 우 등 사   섭 직 종 정

배운 것이 넉넉하면 벼슬길에 올라, 직책을 가지고 정사(政事)에
종사한다.

學	8급 子 16획	學			攝	2급 手 21획	攝		
배울 학	學學學學學學學學學				잡을 섭	攝攝攝攝攝攝攝攝			
優	4급 人 17획	優			職	4급 耳 18획	職		
넉넉할 우	優優優優優優優優優				일 직	職職職職職職職職職職職			
登	7급 癶 12획	登			從	4급 彳 11획	從		
오를 등	登登登登登登登登登登				좇을 종	從從從從從從從從從從			
仕	5급 人 5획	仕			政	4급 攵 9획	政		
벼슬 사	仕仕仕仕仕				정사 정	政政政政政政政政政			

存以甘棠하니 去而益詠이라
존 이 감 당   거 이 익 영

소공(召公)이 감당(甘棠) 나무 아래에 머무르다 떠나자, 더욱 감당시(甘棠詩)를 읊는다.

存	4급 子 6획	存		去	5급 厶 5획	去	
있을 **존**		存 存 存 存 存 存		갈 **거**		去 去 去 去 去	

以	5급 人 5획	以		而	3급 而 6획	而	
써 **이**		以 以 以 以		말이을 **이**		而 而 而 而 而 而	

甘	4급 甘 5획	甘		益	4급 皿 10획	益	
달 **감**		甘 甘 甘 甘 甘		더할 **익**		益 益 益 益 益 益 益 益 益 益	

棠	1급 木 12획	棠		詠	3급 言 12획	詠	
아가위 **당**		棠 棠 棠 棠 棠 棠 棠 棠 棠 棠 棠 棠		읊을 **영**		詠 詠 詠 詠 詠 詠 詠 詠	

51

樂은 殊貴賤하고 禮는 別尊卑라
악 수 귀 천 예 별 존 비

음악은 신분의 귀하고 천함에 따라 다르고, 예절(禮節)은 높고 낮음을 가린다.

樂	6급 木 15획	樂				禮	6급 示 18획	禮			
풍류 **악** 즐거울 **락**		樂樂樂樂樂樂樂樂樂				예도 **례**		禮禮禮禮禮禮禮禮禮禮			

殊	3급 歹 10획	殊				別	6급 刀 7획	別			
다를 **수**		殊殊殊殊殊殊殊殊殊				다를 **별**		別別別別別別別			

貴	5급 貝 12획	貴				尊	4급 寸 12획	尊			
귀할 **귀**		貴貴貴貴貴貴貴貴貴貴貴貴				높을 **존**		尊尊尊尊尊尊尊尊尊尊尊尊			

賤	3급 貝 15획	賤				卑	3급 十 8획	卑			
천할 **천**		賤賤賤賤賤賤賤賤賤賤賤賤				낮을 **비**		卑卑卑卑卑卑卑卑			

上和下睦하고 夫唱婦隨라
상 화 하 목　　부 창 부 수

위에서 화(和)하면 아래에서도 화목하고, 지아비가 선창(先唱)하고
지어미는 따른다.

上	7급 一 3획			
윗 **상**	丨 上 上			

和	6급 口 8획			
화목할 **화**	和 二 千 千 禾 禾 和 和			

下	7급 一 3획			
아래 **하**	下 丁 下			

睦	3급 目 13획			
화목할 **목**	丨 冂 目 目 目 目 睦 睦 睦 睦 睦			

夫	7급 大 4획			
지아비 **부**	一 二 夫 夫			

唱	5급 口 11획			
부를 **창**	唱 唱 唱 唱 唱 唱 唱 唱 唱 唱			

婦	4급 女 11획			
지어미 **부**	〈 女 女 女 女 女 婦 婦 婦 婦 婦			

隨	3급 阝 16획			
따를 **수**	阝 阝 阝 阝 阝 阝 阝 隋 隋 隋 隨 隨			

外受傅訓하고 入奉母儀라
외 수 부 훈　　입 봉 모 의

밖에서 스승의 가르침을 받고, 들어가 어머니의 몸가짐을 받든다.

外	8급 夕 5획	外			入	7급 入 2획	入		
바깥 **외**	外 夕 外 外 外				들 **입**	八 入			

受	4급 又 8획	受			奉	5급 大 8획	奉		
받을 **수**	受 受 受 受 受 受 受 受				받들 **봉**	奉 奉 丢 奉 奉 奉 奉 奉			

傅	2급 人 12획	傅			母	8급 母 5획	母		
스승 **부**	傅 傅 傅 傅 傅 傅 傅 傅 傅				어머니 **모**	母 母 母 母 母			

訓	6급 言 10획	訓			儀	4급 人 15획	儀		
가르칠 **훈**	訓 訓 訓 訓 訓 訓 訓 訓 訓				거동 **의**	儀 儀 儀 儀 儀 儀 儀 儀 儀			

諸姑伯叔은 猶子比兒라
제 고 백 숙   유 자 비 아

모든 고모와 큰아버지와 작은아버지들은 조카를 자기 자식처럼 여기고 자기 아이에게 견준다.

諸	3급 言 16획	諸				猶	3급 犬(犭) 12획	猶			
모두 **제**	諸諸諸諸諸諸諸諸諸諸					같을 **유**	猶猶猶犭犭犭犭犭猶猶猶				

姑	3급 女 8획	姑				子	7급 子 3획	子			
고모 **고**	姑姑姑女女姑姑姑					아들 **자**	子了子				

伯	3급 人 7획	伯				比	5급 比 4획	比			
맏 **백**	伯伯伯伯伯伯伯					견줄 **비**	比比比比				

叔	4급 又 8획	叔				兒	5급 儿 8획	兒			
아저씨 **숙**	叔叔叔扌叔叔叔叔					아이 **아**	兒兒兒兒兒兒兒兒				

孔懷兄弟는 同氣連枝라
공 회 형 제 　 동 기 련 지

깊이 생각해 주는 형과 아우는 기운이 같고 가지가 이어져 있다.

孔	4급 子 4획	孔			同	7급 口 6획	同		
구멍 **공**	孔孔孔孔				같을 **동**	同冂冂同同同			

懷	3급 心 19획	懷			氣	7급 气 10획	氣		
품을 **회**	懷懷懷懷懷懷懷懷懷懷				기운 **기**	氣氣氣氣氣氣氣氣氣氣			

兄	8급 儿 5획	兄			連	4급 辵 11획	連		
맏 **형**	兄兄兄兄兄				이을 **련**	連連連連連連車連連連			

弟	8급 弓 7획	弟			枝	3급 木 8획	枝		
아우 **제**	弟弟弟弟弟弟弟				가지 **지**	枝枝枝枝枝枝枝枝			

交友에 投分하고 切磨箴規라
교 우 투 분 절 마 잠 규

벗을 사귀어 정분을 함께 나누고, 깎고 갈며 서로 잡도리하며 경계하고 간한다.

交	6급 亠 6획				
사귈 교	交交交交交交				

友	5급 又 4획				
벗 우	一ナ方友				

投	4급 手 7획				
던질 투	投扌扌扌扮投投				

分	6급 刀 4획				
나눌 분	分分分分				

切	5급 刀 4획				
끊을 절	一七七刀切				

磨	3급 石 16획				
갈 마	广广广广庐麻麻磨磨				

箴	1급 竹 15획				
경계 잠	箴箴箴箴箞箞箴箴箴				

規	5급 見 11획				
법 규	規規規規規規規規規規規				

仁慈隱惻을 造次에도 弗離라
인 자 은 측　　조 차　　　　불 리

인자하고 측은하게 여기는 마음을 잠깐이라도 떠나지 말아야 한다.

仁	4급 人 4획	仁			造	4급 辵 11획	造		
어질 **인**	仁仁仁仁				지을 **조**	造造造造造告告告造造			
慈	3급 心 13획	慈			次	4급 欠 6획	次		
인자할 **자**	慈慈慈慈慈慈慈慈慈慈				버금 **차**	次次次次次次			
隱	4급 阝 17획	隱			弗	3급 弓 5획	弗		
숨을 **은**	隱隱隱隱隱隱隱隱隱隱				아닐 **불**	弗弗弗弗弗			
惻	1급 心 12획	惻			離	4급 隹 19획	離		
슬플 **측**	惻惻惻惻惻惻惻惻惻惻				떠날 **리**	離離離離离离離離離離			

節義廉退는 顛沛匪虧라
절 의 렴 퇴   전 패 비 휴

절개와 의리와 청렴과 물러남은, 엎어지고 자빠지는 순간에도 이지러뜨릴 수 없다.

節	5급 竹 15획	節				
마디 **절**	節節節節節節節節節節					

顚	1급 頁 19획	顚				
기울어질 **전**	顚顚顚旨直眞眞顚顚顚					

義	4급 羊 13획	義				
옳을 **의**	義義義義義義義義義					

沛	1급 水 7획	沛				
자빠질 **패**	沛沛沛沛沛沛沛沛					

廉	3급 广 13획	廉				
청렴 **렴**	廉广广廉廉廉廉廉廉廉					

匪	2급 匚 10획	匪				
아닐 **비** 비적 **비**	匪匪王罪罪匪					

退	4급 辶 10획	退				
물러갈 **퇴**	退退退艮艮艮退退退					

虧	무급 虍 17획	虧				
이지러질 **휴**	虧虧广卢虍虍虐虚雇雇雇虧					

性靜하면 情逸하고 心動하면 神疲라
성 정   정 일   심 동   신 피

성품이 고요하면 감정도 편안하고, 마음이 흔들리면 정신도 피로해진다.

性	5급 心 8획	性	性性性忄性性性性性
성품 **성**			

心	7급 心 4획	心	心心心心
마음 **심**			

靜	4급 靑 16획	靜	靜靜靑靑靑靑靜靜靜靜靜
고요할 **정**			

動	7급 力 11획	動	動動動動動動動動動動動
움직일 **동**			

情	5급 心 11획	情	情情情情情情情情情
뜻 **정**			

神	6급 示 10획	神	神神礻礻神神神神神
귀신 **신**			

逸	3급 辶 12획	逸	逸逸逸逸兔兔逸逸逸
편안할 **일**			

疲	4급 疒 10획	疲	疲疲疲疒疲疲疲疲疲疲
가쁠 **피**			

60

守眞하면 志滿하고 逐物하면 意移라
수 진　　　지 만　　　축 물　　　의 이

참을 지키면 뜻이 가득해지고, 사물을 쫓아가면 뜻이 옮겨진다.

守	4급 宀 6획		逐	3급 辶 11획	
지킬 **수**	守守守守守守守守守		쫓을 **축**	逐逐逐豕豕豕豕逐逐逐逐	
眞	4급 目 10획		物	7급 牛 8획	
참 **진**	眞眞眞眞眞眞眞眞眞眞		만물 **물**	物物物物物物物物	
志	4급 心 7획		意	6급 心 13획	
뜻 **지**	志志志志志志志		뜻 **의**	意意意意意意意意意	
滿	4급 水 14획		移	4급 禾 11획	
찰 **만**	滿滿滿滿滿滿滿滿滿滿		옮길 **이**	移移移移移移移移移移移	

61

堅持雅操하면 好爵自縻니라
견지아조 호작자미

바른 지조를 굳게 지키면, 좋은 벼슬이 저절로 따른다.

堅	4급 土 11획	堅	
굳을 **견**	堅堅堅堅堅堅堅堅堅堅堅		

好	4급 女 6획	好	
좋을 **호**	好好好好好好		

持	4급 手 9획	持	
가질 **지**	持持持持持持持持持		

爵	3급 爪 18획	爵	
벼슬 **작**	爵爵爵爵爵爵爵爵爵爵爵爵		

雅	3급 佳 12획	雅	
바를 **아**	雅雅雅雅雅雅雅雅雅雅		

自	7급 自 6획	自	
스스로 **자**	自自自自自自		

操	5급 手 16획	操	
지조 **조**	操操操操操操操操操		

縻	무급 糸 17획	縻	
읽을 **미**	縻縻縻縻縻縻縻縻縻縻		

都邑華夏는 東西二京이니
도 읍 화 하   동 서 이 경

중국의 서울은 동쪽 서쪽의 두 서울이다.

都	5급 ⻏ 12획	都	東	8급 木 8획	東
도읍 **도**	都都考考者者者都都		동녘 **동**	東東東東東東東東	
邑	7급 邑 7획	邑	西	8급 西 6획	西
고을 **읍**	邑邑邑邑邑邑邑		서녘 **서**	西西西西西西	
華	4급 艹 12획	華	二	8급 二 2획	二
빛날 **화**	華華華華華華華華		두 **이**	二二	
夏	7급 夊 10획	夏	京	6급 亠 8획	京
여름 **하**	夏夏夏夏頁頁頁夏夏		서울 **경**	京京京京京京京京	

背邙面洛하고 浮渭據涇이라
배 망 면 락　　부 위 거 경

북망산(北邙山)을 뒤에 두고, 낙수(洛水)를 앞에 두었고, 위수(渭水)에 떠가기도 하며, 경수(涇水)에 위치하기도 한다.

背	4급 肉 9획	背			浮	3급 水 10획	浮		
등 **배**	背背背背背背背背				뜰 **부**	浮浮浮浮浮浮浮浮浮浮			

邙	무급 阝 6획	邙			渭	2급 水 12획	渭		
뫼 **망**	邙邙邙邙邙邙				위수 **위**	渭渭渭渭渭渭渭渭渭渭			

面	7급 面 9획	面			據	4급 手 16획	據		
낯 **면**	面面面面面面面面				웅거할 **거**	據據據據據據據據據據			

洛	3급 水 9획	洛			涇	무급 水 10획	涇		
낙수 **락**	洛洛洛洛洛洛洛洛洛				경수 **경**	涇涇涇涇涇涇涇涇涇涇			

宮殿은 盤鬱하고 樓觀은 飛驚이라
궁 전   반 을   루 관   비 경

궁(宮)과 전(殿)은 빽빽하고, 누(樓)와 관(觀)은 나는 듯, 놀라 모양을 바꾸는 듯하다.

宮	4급 宀 10획	宮				樓	3급 木 15획	樓			
집 **궁**	宮宮宮宮宮宮宮宮宮宮					다락 **루**	樓樓樓樓樓樓樓樓樓樓樓				

殿	2급 几 13획	殿				觀	5급 見 25획	觀			
대궐 **전**	殿殿尸尸殿屛屛屛殿殿殿					볼 **관**	觀視觀觀觀藿藿藿觀觀觀				

盤	3급 皿 15획	盤				飛	4급 飛 9획	飛			
서릴 **반**	盤力月舟船般般般般盤					날 **비**	飛飛飛飛飛飛飛飛飛				

鬱	2급 木 29획	鬱				驚	4급 馬 23획	驚			
울창할 **울**	鬱鬱鬱鬱鬱鬱鬱鬱鬱鬱鬱鬱					놀랄 **경**	驚驚驚驚驚驚驚驚驚驚驚驚				

圖寫禽獸하고 畵綵仙靈이라
도 사 금 수 　　화 채 선 령

온갖 날짐승과 길짐승을 그림으로 그렸고, 신선과 신령스러운 것
들을 색칠해서 그렸다.

圖	6급 口 14획	圖			畵	6급 田 13획	畵		
그림 **도**	圖圖圖圖圖圖圖圖圖圖				그림 **화**	畵畵畵畵畵畵畵畵畵畵			
寫	5급 宀 15획	寫			綵	무급 糸 14획	綵		
베낄 **사**	寫寫寫寫寫寫寫寫寫寫				채색 **채**	綵綵綵綵綵綵綵綵綵			
禽	3급 内 13획	禽			仙	5급 人 5획	仙		
새 **금**	禽禽禽禽禽禽禽禽				신선 **선**	仙仙仙仙仙			
獸	3급 犬 19획	獸			靈	3급 雨 24획	靈		
짐승 **수**	獸獸獸獸獸獸獸獸獸獸獸				신령 **령**	靈靈靈靈靈靈靈靈靈靈			

丙舍는 傍啓하고 甲帳은 對楹이라
병 사　　　방 계　　　갑 장　　　대 영

병사(兵舍)는 양옆으로 열려 있고, 갑장(甲帳)은 두 기둥 사이에 드리워 있다.

丙	3급 一 5획	丙	甲	4급 田 5획	甲
남녘 **병**	丙丙丙丙丙		갑옷 **갑**	甲甲甲甲甲	
舍	4급 舌 8획	舍	帳	4급 巾 11획	帳
집 **사**	舍舍舍舍舍舍舍舍		장막 **장**	帳帳帳帳帳帳帳帳帳帳	
傍	3급 人 12획	傍	對	6급 寸 14획	對
곁 **방**	傍傍傍傍傍傍傍傍傍傍		대답 **대**	對對對對對對對對對對對	
啓	3급 口 11획	啓	楹	무급 木 13획	楹
열 **계**	啓啓啓啓啓啓啓啓啓		기둥 **영**	楹楹楹楹楹楹楹楹楹楹	

肆筵設席하고 鼓瑟吹笙이라
사 연 설 석　　고 슬 취 생

자리를 펴고 방석을 놓으며, 비파(琵琶)를 타고 생황(笙簧)을 분다.

肆	무급 聿 13획	肆		
베풀 **사**	肆肆肆肆肆肆肆肆肆肆			

鼓	3급 鼓 14획	鼓		
북 **고**	鼓鼓鼓鼓鼓鼓鼓鼓鼓			

筵	1급 竹 13획	筵		
자리 **연**	筵筵筵筵筵筵筵筵筵			

瑟	2급 王 13획	瑟		
비파 **슬**	瑟瑟瑟瑟瑟瑟瑟瑟瑟			

設	4급 言 11획	設		
베풀 **설**	設設設設設設設設設設			

吹	3급 口 7획	吹		
불 **취**	吹吹吹吹吹吹吹			

席	6급 巾 10획	席		
자리 **석**	席席席席席席席席席席			

笙	무급 竹 11획	笙		
생황 **생**	笙笙笙笙笙笙笙笙笙			

68

陞階納陛하니 弁轉은 疑星이라
승 계 납 폐 　　　　 변 전 　　 의 성

계단으로 오르고 섬뜰로 들어가니, 고깔의 구슬 움직임이 별인 듯 의심한다.

陞	무급 阝 10획	陞
오를 **승**	陞陞陞陞陞陞陞陞陞陞	

階	4급 阝 12획	階
섬돌 **계**	階階階階階階階階階階階階	

納	4급 糸 10획	納
바칠 **납**	納納納納納納納納納納	

陛	1급 阝 10획	陛
뜰 **폐**	陛陛陛陛陛陛陛陛陛陛	

弁	2급 廾 5획	弁
고깔 **변**	弁弁弁弁弁	

轉	4급 車 18획	轉
구를 **전**	轉轉轉轉車軒軒轉轉轉轉轉	

疑	4급 疋 14획	疑
의심할 **의**	疑疑疑疑疑疑疑疑疑疑疑疑疑疑	

星	4급 日 9획	星
별 **성**	星星星星星星星星星	

右는 通廣内하고 左는 達承明이라
우   통광내   좌   달승명

오른쪽은 광내전(廣内殿)과 통하고, 왼쪽은 승명려(承明廬)에 닿는다.

右	7급 口 5획	右		左	7급 工 5획	左	
오른 **우**	ノ ナ ナ 右 右			왼 **좌**	ナ ナ 左 左 左		

通	6급 辶 11획	通		達	4급 辶 13획	達	
통할 **통**	通通通通通甬通通通通			통달할 **달**	達達達達達達達達達達達		

廣	5급 广 15획	廣		承	4급 手 8획	承	
넓을 **광**	廣廣廣廣廣廣廣廣廣廣廣			이을 **승**	承承承承承承承承		

内	7급 入 4획	内		明	6급 日 8획	明	
안 **내**	内内内内			밝을 **명**	明明明明明明明明		

70

旣集墳典하고 亦聚群英이라
기 집 분 전　　　역 취 군 영

이미 삼분(三墳)과 오전(五典)을 모으고, 또한 뭇 뛰어난 사람들도 모았다.

旣	3급 无 11획	旣		亦	3급 亠 6획	亦	
이미 **기**	旣旣旣旣旣旣旣旣旣旣旣			또 **역**	亦亦亠亦亦亦		
集	6급 隹 12획	集		聚	2급 耳 14획	聚	
모을 **집**	集集隹隹隹集隹集集集			모일 **취**	聚取取取耳取取取取聚聚聚		
墳	3급 土 15획	墳		群	4급 羊 13획	群	
무덤 **분**	墳土圤坫垆垆垆埪墳墳墳			무리 **군**	群群君尹君君群群群		
典	5급 八 8획	典		英	6급 艸 9획	英	
법 **전**	典典典典典典典典			꽃부리 **영**	英英英英英英英英英		

71

杜藁鍾隷요 漆書壁經이라
두 고 종 예　칠 서 벽 경

두조(杜操)의 초서(草書)와 종요(鍾繇)의 예서(隷書)가 있고, 옻칠로 쓴 벽 속의 경서(經書)가 있다.

한자	급수/부수/획수	훈음	필순
杜	2급 木 7획	막을 두	杜杜杜杜朴朴杜
藁	무급 艸 18획	짚 고	藁藁藁藁藁藁藁藁藁藁
鍾	5급 金 17획	쇠북 종	鍾鍾鍾鍾鍾鍾鍾鍾鍾鍾
隷	무급 隶 16획	종 례	隷隷隷隷隷隷隷隷隷隷
漆	3급 水 14획	옻칠 칠	漆漆漆漆漆漆漆漆漆漆
書	6급 曰 10획	글 서	書書書書書書書書書書
壁	4급 土 16획	벽 벽	壁壁壁壁壁壁壁壁壁壁
經	4급 糸 13획	글 경	經經經經經經經經經經

府羅將相하고 路挾槐卿이라
부 라 장 상   노 협 괴 경

관부(官府)에는 장수와 정승들이 벌여 있고, 길 양옆에는 공경(公卿)의 집들을 끼고 있다.

府	4급 广 8획		路	6급 足 13획	
마을 **부**	府府广广府府府府		길 **로**	路𫟛𫟛𫟛𫟛𫟛跍跊路	

羅	4급 网 19획		俠	1급 人 9획	
벌릴 **라**	羅羅羅羅羅羅羅羅羅羅		낄 **협**	俠亻亻伓伓伬俠俠	

將	4급 寸 11획		槐	2급 木 14획	
장수 **장**	丬丬丬丬丬丬丬丬將將將		회화나무 **괴**	十才朾朾椚椚椚椚槐	

相	5급 目 9획		卿	2급 卩 12획	
서로 **상**	相十才木相相相相相		벼슬 **경**	卿𠂎𠂎𠂎𠃌卵卵卵卿卿	

73

戶封八縣하고 家給千兵이라
호 봉 팔 현　　　가 급 천 병

호(戶)로 여덟 고을을 봉(封)해 주고, 그 가문(家門)에는 많은 군사를 주었다.

戶	4급 戶 4획	戶
가호 **호**	戶 戶 戶 戶	

家	7급 宀 10획	家
집 **가**	家家家家家家家家家家	

封	3급 寸 9획	封
봉할 **봉**	封封封封封封封封封	

給	5급 糸 12획	給
줄 **급**	給給給給給給給給	

八	8급 八 2획	八
여덟 **팔**	八八	

千	7급 十 3획	千
일천 **천**	千千千	

縣	3급 糸 16획	縣
고을 **현**	縣縣縣縣縣縣縣縣縣縣縣	

兵	5급 八 7획	兵
군사 **병**	兵兵兵兵兵兵兵	

74

高冠陪輦하고 驅轂振纓이라
고 관 배 련　　　구 곡 진 영

높은 관(冠)을 쓴 이들이 임금의 수레를 모시고, 수레를 몰면 끈이 진동한다.

高	6급 高 10획	高				驅	3급 馬 21획	驅		
높을 **고**	高高高高高高高高高高					몰 **구**	驅驅驅驅馬馬驅驅驅驅驅			
冠	3급 冖 9획	冠				轂	무급 車 17획	轂		
관 **관**	冠冠冠冠冠冠冠冠冠					바퀴 **곡**	轂轂轂轂壴壴壴軎軎轂轂			
陪	1급 阝 11획	陪				振	3급 扌 10획	振		
모실 **배**	陪陪陪陪陪陪陪陪陪陪陪					떨칠 **진**	振扌振扩扩拆拆拆振振			
輦	1급 車 15획	輦				纓	무급 糸 23획	纓		
손수레 **련**	輦輦輦輦輦扶扶替替輦輦					끈 **영**	纓纓纟纟纓纓纓纓纓纓			

世祿侈富하니 車駕肥輕이라
세 록 치 부　　거 가 비 경

대대로 녹을 받아 사치하고 부유하니, 수레는 가볍고 말은 살찐다.

世	7급 一 5획	世
인간 **세**	世 世 世 世 世	

祿	3급 示 13획	祿
녹 **록**	祿 祿 祿 祿 祿 祿 祿 祿 祿	

侈	1급 人 8획	侈
사치할 **치**	侈 侈 侈 侈 侈 侈 侈 侈	

富	5급 宀 11획	富
부자 **부**	富 富 富 富 富 宮 宮 富 富	

車	7급 車 7획	車
수레 **거**	車 車 車 車 車 車 車	

駕	1급 馬 15획	駕
멍에 **가**	駕 駕 駕 駕 駕 駕 駕 駕 駕 駕	

肥	3급 肉 8획	肥
살찔 **비**	肥 肥 肥 肥 肥 肥 肥 肥	

輕	5급 車 14획	輕
가벼울 **경**	輕 輕 輕 輕 輕 輕 輕 輕 輕 輕	

策功茂實하고 勒碑刻銘이라
책 공 무 실　　늑 비 각 명

공적을 기록하여 실적을 힘쓰게 하고, 비에 새기고 명문(銘文)으로
파 놓는다.

策	3급 竹 12획	策			勒	1급 力 11획	勒		
꾀 **책**	策策策策策策箁箁箁箁				새길 **륵**	勒勒勒勒苎苎革勒勒			
功	6급 力 5획	功			碑	4급 石 13획	碑		
공 **공**	功功功功功				비석 **비**	碑石碑碑碑碑碑碑碑			
茂	3급 弋 5획	茂			刻	4급 刀 8획	刻		
무성할 **무**	茂茂茂茂茂苃茂茂茂				새길 **각**	刻刻刻刻亥亥刻刻			
實	5급 宀 14획	實			銘	3급 金 14획	銘		
열매 **실**	實實實實實實實實實				새길 **명**	銘銘銘銘銘銘銘銘銘			

磻溪와 伊尹은 佐時하여 阿衡이며
반 계　이 윤　좌 시　아 형

반계(磻溪)와 이윤(伊尹)은 때를 도와 아형이 되었다.

磻	2급 石 17획	磻				佐	3급 人 7획	佐			
바위 **반**	磻磻磻磻磻磻磻磻磻磻					도울 **좌**	佐佐佐佐佐佐佐				

溪	3급 水 13획	溪				時	7급 日 10획	時			
시내 **계**	溪溪溪溪溪溪溪溪					때 **시**	時時時時時時時時時時				

伊	2급 人 6획	伊				阿	3급 阝 8획	阿			
저 **이**	伊伊伊伊伊伊					언덕 **아**	阿阿阿阿阿阿阿阿				

尹	2급 尸 4획	尹				衡	2급 行 16획	衡			
다스릴 **윤**	尹尹尹尹					저울대 **형**	衡衡衡衡衡衡衡衡衡衡				

奄宅曲阜하니 微旦이면 孰營이리오
엄 택 곡 부　　　　미 단　　　　숙 영

문득 곡부(曲阜)에 집을 지으니, 단(旦)이 아니면 누가 경영하였겠
는가.

奄	1급 大 8획	奄
오랠 **엄**	奄大大大夲夲奄奄	

微	3급 彳 13획	微
작을 **미**	微彳彳彳彳微微微微	

宅	5급 宀 6획	宅
집 **택**	宅宅宅宅宅宅	

旦	3급 日 5획	旦
아침 **단**	旦旦旦旦旦	

曲	5급 日 6획	曲
굽을 **곡**	曲曲曲曲曲曲	

孰	3급 子 11획	孰
누구 **숙**	孰孰孰孰孰享享孰孰孰孰	

阜	2급 阜 8획	阜
언덕 **부**	阜阜阜阜阜阜阜阜	

營	4급 火 17획	營
경영 **영**	營營營營營營營營營	

79

桓公은 匡合하야 濟弱扶傾하니라
환공   광합   제약부경

환공(桓公)은 천하를 바로잡고 규합(糾合)하여, 약한 자를 구제하고
기우는 자를 붙들어 주었다.

桓	2급 木 10획	桓		
굳셀 **환**	桓桓桓桓桓桓桓桓桓			

公	6급 八 4획	公		
공변될 **공**	公公公公			

匡	1급 匚 6획	匡		
바를 **광**	匡匡匡匡匡匡			

合	6급 口 6획	合		
모을 **합**	合合合合合合			

濟	4급 水 17획	濟		
건질 **제**	濟濟濟濟濟濟濟濟濟濟濟			

弱	6급 弓 10획	弱		
약할 **약**	弱弱弱弱弱弱弱弱弱弱			

扶	3급 手 7획	扶		
붙들 **부**	扶扶扶扶扶扶扶			

傾	4급 人 13획	傾		
기울 **경**	傾傾傾傾傾傾傾傾			

80

綺는 回漢惠하고 說은 感武丁하니라
기   회 한 혜   열   감 무 정

기리계(綺里季)는 한(漢)나라 혜제(惠帝)를 돌려 놓았고, 부열(傅說)은 무정(武丁)을 감동시켰다.

綺	1급 糸 14획	綺		
비단 **기**	綺綺綺綺綺綺綺綺綺綺			

說	5급 言 14획	說		
기쁠 **열**	說說說說說說說說			

回	4급 口 6획	回		
돌아올 **회**	回回回回回回			

感	6급 心 13획	感		
느낄 **감**	感感感感感感感感感			

漢	7급 水 14획	漢		
한나라 **한**	漢漢漢漢漢漢漢漢漢			

武	4급 止 8획	武		
호반 **무**	武武武武武武武武			

惠	4급 心 12획	惠		
은혜 **혜**	惠惠惠惠惠惠惠惠惠			

丁	4급 一 2획	丁		
장정 **정**	丁丁			

81

俊乂는 密勿하여 多士로 寔寧이라
준 예 밀 물 다 사 식 녕

준수하고 뛰어난 사람들이 경륜을 치밀하게 하니, 많은 선비가 있어 나라가 편안하다.

俊	3급 人 9획	俊			多	6급 夕 6획	多		
준걸 **준**		俊俊俊俊俊俊俊俊			많을 **다**		多多多多多多		

乂	무급 丿 2획	乂			士	5급 士 3획	士		
재주 **예**		乂乂			선비 **사**		士士士		

密	4급 宀 11획	密			寔	무급 宀 12획	寔		
빽빽할 **밀**		密密密密密密密密密密密			이 **식**		寔寔寔寔寔寔寔寔寔寔		

勿	3급 勹 4획	勿			寧	3급 宀 14획	寧		
말 **물**		勿勿勿勿			편안할 **녕**		寧寧寧寧寧寧寧寧寧		

82

晉楚는 更霸하고 趙魏는 困橫이라
진 초 갱 패 조 위 곤 횡

진(晉)나라와 초(楚)나라는 번갈아 패권(霸權)을 잡았고, 조(趙)나라와 위(魏)는 연횡책(連橫策) 탓에 곤궁해졌다.

晉	2급 日 10획	晉			趙	무급 走 14획	趙		
나라 진	晉晉晉晉晉晉晉晉晉晉				나라 조	趙趙趙趙趙趙趙趙			

楚	2급 木 13획	楚			魏	2급 鬼 18획	魏		
나라 초	楚楚楚楚楚楚楚楚楚楚				나라 위	魏魏魏魏魏魏魏魏魏魏魏			

更	4급 日 7획	更			困	4급 口 7획	困		
다시 갱	更更更更更更更				곤할 곤	困困困困困困困			

霸	2급 雨 21획	霸			橫	3급 木 16획	橫		
으뜸 패	霸霸霸霸霸霸霸霸霸霸霸				비낄 횡	橫橫橫橫橫橫橫橫橫			

假途滅虢하고 踐土會盟이라
가 도 멸 곡　　천 토 회 맹

길을 빌려 곡(虢)나라를 멸망시키고, 천토(踐土)에서 제후(諸侯)를 모아 맹세하게 하였다.

假	4급 人 11획	假 假假假假假假假假假
거짓 **가**		

途	3급 辶 11획	途 途途途途途途途途途
길 **도**		

滅	3급 水 13획	滅 滅滅滅滅滅滅滅滅滅滅
멸할 **멸**		

虢	무급 虍 15획	虢 虢虢虢虢虢虢虢虢虢
나라 **곡**		

踐	3급 足 15획	踐 踐踐踐踐踐踐踐踐踐
밟을 **천**		

土	8급 土 3획	土 土土土
흙 **토**		

會	6급 日 13획	會 會會會會會會會會會
모일 **회**		

盟	3급 皿 13획	盟 盟盟盟盟盟盟盟盟盟
맹세 **맹**		

何는 遵約法하고 韓은 弊煩刑이니라
하　　준 약 법　　　한　　폐 번 형

소하(蕭何)는 요약한 법을 좇았고, 한비자(韓非子)는 번거로운 형벌에 피폐(疲弊)하였다.

何	3급 人 7획	何
어찌 하	ノ イ 亻 仃 仃 何 何	

遵	3급 辵 16획	遵
좇을 준	八 分 台 酋 酋 酋 尊 尊 尊 遵 遵	

約	5급 糸 9획	約
맺을 약	約 約 約 糸 糸 約 約 約 約	

法	5급 水 8획	法
법 법	法 法 法 法 法 法 法 法	

韓	8급 韋 17획	韓
나라 한	韓 韓 卓 直 車 卓 軒 軒 軒 韓 韓 韓 韓	

弊	3급 廾 15획	弊
폐단 폐	弊 分 白 甬 甬 敝 敝 敝 弊 弊	

煩	1급 火 13획	煩
번거로울 번	煩 煩 火 火 煩 煩 煩 煩 煩	

刑	4급 刀 6획	刑
형벌 형	刑 二 于 开 刑 刑	

起翦頗牧은 用軍最精이라
기 전 파 목 용 군 최 정

백기(白起)·왕전(王)·염파(廉頗)·이목(李牧)은 군사 부리기를 가장 정묘(精妙)하게 하였다.

起	4급 走 10획	起
일어날 **기**	起起起起起起起起起起	

用	6급 用 5획	用
쓸 **용**	用用用用用	

翦	무급 羽 15획	翦
자를 **전**	翦翦翦翦翦翦翦翦翦	

軍	8급 車 9획	軍
군사 **군**	軍軍軍軍軍軍軍軍軍	

頗	3급 頁 14획	頗
자못 **파**	頗頗頗頗頗頗頗頗	

最	5급 曰 12획	最
가장 **최**	最最最最最最最最	

牧	4급 牛 8획	牧
칠 **목**	牧牧牧牧牧牧牧牧	

精	4급 米 14획	精
정밀할 **정**	精精精精精精精精精	

宣威沙漠하고 馳譽丹靑하니라
선 위 사 막　　치 예 단 청

사막(沙漠)에까지 위력(威力)을 떨치고, 단청(丹靑)으로 얼굴을 그려 명예를 드날렸다.

宣	4급 宀 9획	宣		馳	1급 馬 13획	馳
베풀 **선**	宣宣宣宣宣宣宣宣宣			달릴 **치**	馳馳馳馳馬馬馳馳馳馳	
威	4급 女 9획	威		譽	3급 言 21획	譽
위엄 **위**	威威威厂厃厐威威威			기릴 **예**	譽譽譽譽譽譽譽與譽譽	
沙	3급 水 7획	沙		丹	3급 、 4획	丹
모래 **사**	沙沙沙沙沙沙沙			붉을 **단**	丹刀刀丹	
漠	3급 水 14획	漠		靑	8급 靑 8획	靑
아득할 **막**	漠漠漠漠漠漠漠漠漠漠			푸를 **청**	靑靑靑靑靑靑靑靑	

87

九州는 禹跡이요 百郡은 秦幷이라
구 주   우 적   백 군   진 병

아홉 주(州)는 우(禹)임금의 자취요, 일백 군(郡)은 진(秦)나라 때 합병하였다.

九	8급 乙 2획	九	**百**	7급 白 6획	百
아홉 **구**	九九		일백 **백**	百百百百百百	
州	5급 巛 6획	州	**郡**	6급 阝 10획	郡
고을 **주**	州州州州州州		고을 **군**	郡郡郡郡郡君君郡郡	
禹	2급 內 9획	禹	**秦**	2급 禾 10획	秦
임금 **우**	禹禹禹禹禹禹禹禹禹		나라 **진**	秦秦秦秦秦秦秦秦秦秦	
跡	3급 足 13획	跡	**幷**	7급 干 8획	幷
자취 **적**	跡跡跡跡跡跡跡跡		아우를 **병**	幷幷幷幷幷幷幷幷	

嶽은 宗恒岱하고 禪은 主云亭하니라
악   종항대   선   주운정

오악(五嶽)은 항산(恒山)과 대산(岱山)을 종주(宗主)로 하고, 봉선(封禪)은 운운산(云云山)과 정정산(亭亭山)에서 주로 한다.

嶽	무급 山 17획	嶽
큰산 **악**	嶽嶽嶵嶵嶵嶷嶷嶷嶽嶽	

禪	3급 示 17획	禪
터닦을 **선**	禪礻礻礻礻禪禪禪禪禪	

宗	4급 宀 8획	宗
마루 **종**	宗宗宗宗宗宀宗宗	

主	7급 丶 5획	主
주장할 **주**	主主主主主	

恒	3급 心 9획	恒
항상 **항**	恒恒恒恒恒恒恒恒	

云	3급 二 4획	云
이를 **운**	云云云云	

岱	2급 山 8획	岱
메 **대**	岱岱岱代代代岱岱岱	

亭	3급 亠 9획	亭
정자 **정**	亭亭亭亭亭亭亭亭亭	

雁門紫塞요 鷄田赤城이라
안 문 자 새 　 계 전 적 성

안문(雁門)과 자새(紫塞)요, 계전(鷄田)과 적성(赤城)이라.

雁	3급 隹 12획			鷄	4급 鳥 21획	
기러기 **안**	雁雁雁雁雁雁雁雁			닭 **계**	鷄鷄鷄鷄鷄鷄鷄鷄鷄鷄鷄	

門	8급 門 8획			田	4급 田 5획	
문 **문**	門門門門門門門門			밭 **전**	田田田田田	

紫	3급 糸 11획			赤	5급 赤 7획	
자주색 **자**	紫紫紫紫紫紫紫紫紫			붉을 **적**	赤赤赤赤赤赤赤	

塞	3급 土 13획			城	4급 土 9획	
변방 **새**	塞塞塞塞塞塞塞塞塞			재 **성**	城城城城城城城城城	

昆池碣石과 鉅野洞庭이라
곤 지 갈 석   거 야 동 정

곤지(昆池)와 갈석(碣石)이요, 거야(鉅野)와 동정(洞庭)은,

昆	1급 日 8획	昆	
맏 **곤**	昆昆昆昆昆昆昆昆		

鉅	무급 金 13획	鉅	
클 **거**	鉅鉅鉅鉅鉅釦鉅鉅		

池	3급 水 6획	池	
못 **지**	池池池池池池		

野	6급 里 11획	野	
들 **야**	野野野野野野野野		

碣	무급 石 14획	碣	
돌 **갈**	碣碣碣碣碣碣碣碣		

洞	7급 水 9획	洞	
고을 **동**	洞洞洞洞洞洞洞洞洞		

石	6급 石 5획	石	
돌 **석**	石石石石石		

庭	6급 广 10획	庭	
뜰 **정**	庭庭庭广庭庭庭庭庭		

曠遠綿邈하고 巖岫杳冥하니라
광 원 면 막　　암 수 묘 명

텅비고 아득히 멀고, 바위와 묏부리가 높이 솟고 물이 아득하게 깊다.

曠	1급 日 19획	曠
빌 **광**	曠曠曠曠曠曠曠曠曠曠曠	

巖	3급 山 23획	巖
바위 **암**	巖巖巖巖巖巖巖巖巖巖巖巖巖	

遠	6급 辵 14획	遠
멀 **원**	遠遠遠遠遠遠遠遠遠	

岫	무급 山 8획	岫
묏부리 **수**	岫岫岫岫岫岫岫岫	

綿	3급 糸 14획	綿
솜 **면**	綿綿綿綿綿綿綿綿	

杳	1급 木 8획	杳
아득할 **묘**	杳杳杳杳杳杳杳杳	

邈	무급 辵 18획	邈
멀 **막**	邈邈邈邈邈邈邈邈邈邈邈	

冥	3급 冖 10획	冥
어두울 **명**	冥冥冥冥冥冥冥冥冥冥	

治는 本於農하야 務玆稼穡이라
치 본 어 농 무 자 가 색

다스림은 농사를 밑바탕을 삼으니, 이 심고 거두는 일에 힘쓰게 하였다.

治	4급 水 8획			務	4급 力 11획		
다스릴 치	治治治治治治治治			힘쓸 무	務務矛予矛矛矛矛矜務務		

本	6급 木 5획			玆	3급 玄 10획		
근본 본	本十才木本			이 자	玆玆玄玄玄玄玆玆玆玆		

於	3급 方 8획			稼	1급 禾 15획		
어조사 어	於方方方於於於於			심을 가	稼千禾稼稼稼稼稼稼稼		

農	7급 辰 13획			穡	무급 禾 18획		
농사 농	農農農農農農農農農農			거둘 색	穡千穡穡稻稻稻穡穡穡穡穡		

93

俶載南畝하고 我藝黍稷하니라
숙 재 남 묘   아 예 서 직

비로소 남쪽 이랑에서 일을 하고, 우리의 기장과 피를 심었다.

俶	무급 人 10획	俶		
비로소 **숙**	俶俶俶俶俶俶俶俶俶俶			

載	3급 車 13획	載		
실을 **재**	載載載載載載載載載載			

南	8급 十 9획	南		
남녘 **남**	南南南南南南南南南			

畝	1급 田 10획	畝		
이랑 **묘**	畝畝畝畝畝畝畝畝畝畝			

我	3급 戈 7획	我		
나 **아**	我我我我我我我			

藝	4급 艸 19획	藝		
재주 **예**	藝藝藝藝藝藝藝藝藝			

黍	1급 禾 12획	黍		
기장 **서**	黍黍黍黍黍黍黍黍黍			

稷	2급 禾 15획	稷		
피 **직**	稷稷稷稷稷稷稷稷稷稷			

稅熟貢新하고 勸賞黜陟이라
세 숙 공 신 　 권 상 출 척

익은 곡식으로 세금을 내고 햇것을 공물(貢物)로 바치며, 권하고 상
주며 내치기도 하고 올려 주기도 한다.

稅	4급 禾 12획	稅		
세금 **세**	稅稅千禾禾禾和秒秒秒税税税			

熟	3급 火 15획	熟		
익힐 **숙**	熟熟享享享剰孰孰熟			

貢	3급 貝 10획	貢		
바칠 **공**	貢貢貢于否否否昏貢貢			

新	6급 斤 13획	新		
새 **신**	新新立辛亲新新新新			

勸	4급 力 20획	勸		
권할 **권**	勸勸勸茍茍茍茍藋藋藋勸			

賞	4급 貝 11획	賞		
상줄 **상**	貫賞賞賞賞賞賞賞			

黜	1급 黑 17획	黜		
내칠 **출**	黜黜黜甲里里黑黑黜黜黜			

陟	2급 阝 10획	陟		
오를 **척**	陟阝阝阝阝陟陟陟陟陟			

孟軻는 敦素하고 史魚는 秉直이라
맹 가   돈 소   사 어   병 직

맹자(孟子)는 바탕을 도탑게 하였고, 사어(史魚)는 올곧음을 굳게
지녔다.

孟	3급 子 8획	孟			史	5급 口 5획	史		
맏 **맹**	孟 孟 孟 孟 孟 孟 孟 孟				역사 **사**	史 史 史 史 史			

軻	2급 車 12획	軻			魚	5급 魚 11획	魚		
수레 **가**	軻 軻 車 車 車 軻 軻 軻				물고기 **어**	魚 魚 魚 魚 魚 魚 魚 魚 魚			

敦	3급 攵 12획	敦			秉	2급 禾 8획	秉		
도타울 **돈**	敦 敦 敦 敦 敦 敦 敦 敦 敦 敦				잡을 **병**	秉 秉 秉 秉 秉 秉 秉 秉			

素	4급 糸 10획	素			直	7급 目 8획	直		
흴 **소**	素 素 素 素 素 素 素 素 素				곧을 **직**	直 直 直 直 直 直 直 直			

庶幾中庸이면 勞謙謹勅하라
서 기 중 용 　　　 노 겸 근 칙

거의 중용(中庸)에 가까우려면, 부지런히 일하고 겸손하고 삼가고 신칙(申勅)해야 한다.

庶	3급 广 11획	庶		
여럿 **서**	庶庶庶庶庶庶庶庶庶庶庶			

幾	3급 幺 12획	幾		
얼마 **기**	幾幾幾幾幾幾幾幾幾幾幾幾			

中	8급 丨 5획	中		
가운데 **중**	中中口中			

庸	3급 广 11획	庸		
떳떳할 **용**	庸庸庸庸庸庸庸庸庸庸庸			

勞	5급 力 12획	勞		
수고할 **로**	勞勞勞勞勞勞勞勞勞勞			

謙	3급 言 17획	謙		
겸손할 **겸**	謙謙謙謙謙謙謙謙謙			

謹	3급 言 18획	謹		
삼갈 **근**	謹謹謹謹謹謹謹謹謹			

勅	1급 力 9획	勅		
칙서 **칙**	勅勅勅勅勅勅勅勅勅			

聆音察理하고 鑑貌辨色하니라
영 음 찰 리   감 모 변 색

소리를 듣고 이치를 살피며, 모습을 보고 기색(氣色)을 가리어 안
다.

聆	1급 耳 11획	聆
들을 **령**		聆 ⼧ ⼧ ⼧ ⼧ ⼧ 聆 聆 聆 聆 聆

音	6급 音 9획	音
소리 **음**		音 音 音 音 音 音 音 音 音

察	4급 宀 14획	察
살필 **찰**		察 察 察 察 察 察 察 察 察

理	6급 王 11획	理
이치 **리**		理 理 理 理 理 理 理 理 理 理

鑑	3급 金 22획	鑑
거울 **감**		鑑 鑑 鑑 鑑 鑑 鑑 鑑 鑑 鑑 鑑

貌	3급 豸 14획	貌
모양 **모**		貌 貌 貌 貌 貌 貌 貌 貌 貌

辨	4급 辛 16획	辨
분별할 **변**		辨 辨 辨 辨 辨 辨 辨 辨 辨 辨

色	7급 色 6획	色
빛 **색**		色 色 色 色 色 色

貽厥嘉猷하니 勉其祗植하라
이 궐 가 유   면 기 지 식

그 아름다운 계책을 끼쳐 주니, 공경히 도(道)를 심기에 힘써라.

貽	1급 貝 12획	貽		
끼칠 이	貽貽貽貽貝貽貽貽			

勉	4급 力 9획	勉		
힘쓸 면	勉勉勉免免免免免勉			

厥	3급 厂 12획	厥		
그 궐	厥厥厥厥厥厥厥厥厥厥厥			

其	3급 八 8획	其		
그 기	其其其其其其其其			

嘉	1급 口 14획	嘉		
아름다울 가	嘉嘉嘉嘉嘉嘉嘉嘉			

祗	1급 示 10획	祗		
공경할 지	祗祗祗祗祗祗祗祗祗祗			

猷	무급 犬 13획	猷		
꾀 유	猷猷猷猷猷猷猷猷猷			

植	7급 木 12획	植		
심을 식	植植植植植植植植植植植			

省躬譏誡하고 寵增抗極하라
성 궁 기 계   총 증 항 극

자기몸에 반성하여 살피고 경계하며, 은총(恩寵)이 더하면 극에 도달하였을까 염려해야 한다.

省	6급 目 9획	省		
살필 **성**	省省省省省省省省省			

躬	1급 身 10획	躬		
몸 **궁**	躬躬躬躬躬躬躬躬躬躬			

譏	1급 言 19획	譏		
나무랄 **기**	譏譏譏譏譏譏譏譏譏			

誡	무급 言 14획	誡		
경계할 **계**	誡誡誡誡誡誡誡誡誡			

寵	1급 宀 19획	寵		
사랑할 **총**	寵寵寵寵寵寵寵寵寵寵			

增	4급 土 15획	增		
더할 **증**	增增增增增增增增增			

抗	4급 扌 7획	抗		
겨룰 **항**	抗抗抗抗抗抗抗			

極	4급 木 13획	極		
극진할 **극**	極極極極極極極極極			

殆辱近恥하니 林皐에 幸卽하라
태 욕 근 치 임 고 행 즉

위태로움과 욕을 당하여 부끄러움이 가까우니, 숲이 우거진 언덕
으로 나아가야 한다.

殆	3급 歹 9획	殆				林	7급 木 8획	林			
위태 **태**	殆殆歹歹殆殆殆殆					수풀 **림**	林林林林林村林林				

辱	3급 辰 10획	辱				皐	2급 白 11획	皐			
욕할 **욕**	ノ厂辱辱辰辰辱辱					언덕 **고**	皐皐皐皐皐皐皐皐皐皇皐				

近	6급 辶 8획	近				幸	6급 土 8획	幸			
가까울 **근**	近斤近斤斤近近近					다행 **행**	幸幸幸幸幸幸幸幸				

恥	3급 耳 10획	恥				卽	3급 卩 9획	卽			
부끄러울 **치**	恥丁丁丁耳耳恥恥恥					곧 **즉**	卽卽卽卽卽卽卽卽卽				

101

兩疏는 見機하니 解組를 誰逼이리오
양 소   견 기   해 조   수 핍

두 소씨(疏氏)는 기미(機微)를 알아 보았으니, 인끈을 풀고 물러감을 누가 다그칠 수 있겠는가.

兩	4급 入 8획	雨				解	4급 角 13획	解			
두 **양**	雨雨雨雨雨雨雨雨					풀 **해**	解角解角解解解解				

疏	3급 足 12획	疏				組	4급 糸 11획	組			
성길 **소**	疏疏疏疏疏疏疏疏疏疏					짤 **조**	組組組組組組組組組組				

見	5급 見 7획	見				誰	3급 言 15획	誰			
볼 **견**	見見見見見見見					누구 **수**	誰誰誰誰誰誰誰				

機	4급 木 16획	機				逼	1급 辶 13획	逼			
틀 **기**	機機機機機機機機機機					핍박할 **핍**	逼逼逼逼逼逼逼逼				

102

索居閒處하고 沈默寂寥라
삭 거 한 처　　　침 묵 적 료

한가롭게 거처하고 있으며, 침묵을 지키고 고요하게 산다.

索	3급 糸 10획	索		
한가할 **삭** 찾을 **색**	索索索索索索索索索索			

居	4급 尸 8획	居		
살 **거**	居居居居居居居居			

閒	4급 門 12획	閒		
한가할 **한**	閒閒閒閒閒門門門閒閒閒閒			

處	4급 虍 11획	處		
곳 **처**	處處處處處處處處處處處			

沈	3급 水 7획	沈		
잠길 **침**	沈沈沈沈沈沈沈			

默	3급 黑 16획	默		
잠잠할 **묵**	默默默默默默黑默默默			

寂	3급 宀 11획	寂		
고요할 **적**	寂寂寂寂寂寂宀宀寂寂寂			

寥	1급 宀 14획	寥		
쓸쓸할 **료**	寥寥寥寥寥寥寥寥			

求古尋論하고 散慮逍遙하니라
구 고 심 론   산 려 소 요

옛것을 구하여 찾고 의논하며, 잡된 생각을 흩어 버리고 한가로이 노닌다.

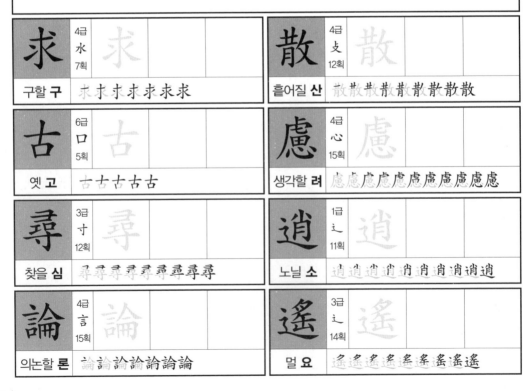

求	4급 水 7획	求		散	4급 攴 12획	散
구할 **구**	求求求求求求求			흩어질 **산**	散散散散散散散散	

古	6급 口 5획	古		慮	4급 心 15획	慮
옛 **고**	古古古古古			생각할 **려**	慮慮慮慮慮慮慮慮慮慮	

尋	3급 寸 12획	尋		逍	1급 辶 11획	逍
찾을 **심**	尋尋尋尋尋尋尋尋			노닐 **소**	逍逍逍逍逍逍逍逍逍	

論	4급 言 15획	論		遙	3급 辶 14획	遙
의논할 **론**	論論論論論論論			멀 **요**	遙遙遙遙遙遙遙遙	

欣奏累遣하고 感謝歡招하니라
흔 주 누 견　　척 사 환 초

기쁜 일은 아뢰고 나쁜 일은 보내며, 슬픔은 사라지고 기쁨이 온다.

欣	1급 欠 8획	欣	感	무급 心 15획	感
기쁠 **흔**	欣欣欣欣欣欣欣欣		슬플 **척**	厂厂厂厂厂厂戚戚戚戚感感	
奏	3급 大 9획	奏	謝	4급 言 17획	謝
아뢸 **주**	奏奏奏夫夫夫夵奏奏		사례할 **사**	謝訠訠訠訠訠謝謝謝謝	
累	3급 糸 11획	累	歡	4급 欠 22획	歡
여러 **누**	累累累累累累累累累累		기쁠 **환**	歡歡歡茍苪萑雚雚雚雚歡歡	
遣	3급 辶 14획	遣	招	4급 手 8획	招
보낼 **견**	遣遣遣肀肀肀遣遣		부를 **초**	招招招招招招招招	

105

渠荷는 的歷하고 園莽은 抽條니라
거 하　적 력　　원 망　추 조

도랑의 연꽃은 환하게 곱고, 동산의 풀은 가지가 뻗어 우거진다.

渠	1급 水 12획	渠		園	4급 口 13획	園	
개천 거	渠渠渠渠渠渠渠渠凖渠渠			동산 원	園園園園園園園園園		
荷	3급 艸 11획	荷		莽	무급 艸 12획	莽	
연꽃 하	荷荷荷荷荷荷荷荷荷荷荷			풀 망	莽莽莽莽莽莽莽莽莽		
的	5급 白 8획	的		抽	3급 手 8획	抽	
밝을 적	的的的的的的的的			뺄 추	抽抽抽抽抽抽抽抽		
歷	5급 止 16획	歷		條	4급 木 11획	條	
지날 력	歷歷歷歷歷歷歷歷歷歷			가지 조	條條條條條條條條條		

106

枇杷는 晚翠하고 梧桐은 早凋라
비 파　　만 취　　　오 동　　조 조

비파나무는 늦게까지 푸르고, 오동잎은 일찍 시든다.

枇	무급 木 8획	枇				梧	2급 木 11획	梧			
나무 **비**	枇朴朴枇枇枇枇枇					오동 **오**	梧梧梧梧梧梧梧梧梧梧梧				

杷	무급 木 8획	杷				桐	2급 木 10획	桐			
나무 **파**	杷杷杷杷杷杷杷					오동 **동**	桐桐桐桐桐桐桐桐桐				

晚	3급 日 11획	晚				早	4급 日 6획	早			
늦을 **만**	晚晚晚晚晚晚晚晚晚晚					이를 **조**	早早早早早早				

翠	1급 羽 14획	翠				凋	1급 冫 10획	凋			
푸를 **취**	翠翠翠翠翠翠翠翠翠					시들 **조**	凋凋凋凋凋凋凋凋凋凋				

陳根은 委翳하고 落葉은 飄颻라
진 근 　 위 예 　 　 낙 엽 　 표 요

묵은 뿌리들은 땅에 쌓이고 덮이며, 떨어지는 잎들은 바람에 나부낀다.

陳	4급 阜 11획	陳			
묵을 **진**	陳陳陳陳陳陳陳陳陳陳				

落	5급 艸 13획	落			
떨어질 **락**	落落落落落落落落落落落落				

根	6급 木 10획	根			
뿌리 **근**	根根根根根根根根根根				

葉	5급 艸 13획	葉			
잎사귀 **엽**	葉葉葉葉葉葉葉葉葉葉				

委	4급 女 8획	委			
맡길 **위**	委委委委委委委委				

飄	1급 風 20획	飄			
날릴 **표**	飄飄飄飄飄飄飄飄飄飄飄飄				

翳	무급 羽 17획	翳			
가릴 **예**	翳翳翳翳翳翳翳翳翳翳翳				

颻	무급 風 20획	颻			
날릴 **요**	颻颻颻颻颻颻颻颻颻颻颻颻				

遊鯤은 獨運하여 凌摩絳霄하니라
유 곤 독 운 능 마 강 소

노니는 곤어(鯤魚)는 홀로 바다에서 요동치며 살다가 붕새가 되어 붉은 하늘을 능멸하고 만진다.

遊	4급 辶 13획	遊		
놀 유	遊遊遊方芳芳斿游游遊			

凌	1급 冫 10획	凌		
업신여길 릉	凌凌凌凌凌凌凌凌凌凌			

鯤	무급 魚 19획	鯤		
큰물고기 곤	鯤鯤台角魚魚魟鯤鯤鯤鯤鯤			

摩	2급 手 15획	摩		
만질 마	摩摩摩摩摩麻麻摩摩摩			

獨	5급 犭 16획	獨		
홀로 독	獨獨獨犭犭狎獨獨獨獨獨			

絳	무급 糸 12획	絳		
붉을 강	絳絳絳糸糸糸糹絳絳絳絳絳			

運	6급 辶 13획	運		
움직일 운	運運運足足百宣宣軍軍運運			

霄	1급 雨 15획	霄		
하늘 소	霄霄霄霄霄霄霄霄霄霄			

耽讀翫市하니 寓目囊箱이라
탐 독 완 시　우 목 낭 상

글 읽기를 즐겨 저잣거리 책방에서 책을 보니, 눈길을 붙이기만 하면 그
대로 주머니와 상자 속에 책을 담아둔 것 같았다.

耽	2급 耳 10획	耽
즐길 **탐**		耽耽耽耽耽耽耽耽耽耽

讀	6급 言 22획	讀
읽을 **독**		讀讀讀讀讀讀讀讀讀讀

翫	무급 羽 15획	翫
구경할 **완**		翫翫翫翫翫翫翫翫翫翫

市	7급 巾 5획	市
시장 **시**		市市市市市

寓	1급 宀 12획	寓
붙일 **우**		寓寓寓寓寓寓寓寓寓寓寓寓

目	6급 目 5획	目
눈 **목**		目目目目目

囊	1급 口 22획	囊
주머니 **낭**		囊囊囊囊囊囊囊囊囊囊囊囊

箱	2급 竹 15획	箱
상자 **상**		箱箱箱箱箱箱箱箱箱箱箱箱

易輶는 攸畏니 屬耳垣墙이니라
이 유 는 유 외 니 속 이 원 장

말을 쉽고 가볍게 하는 것은 두려워해야 할 바이니, 귀가 담장에 붙어
있기 때문이다.

易	4급 日 8획	易
쉬울 이	易易易易易易易易	

屬	4급 尸 21획	屬
붙일 속	屬屬尸尸屬屬屬屬屬屬屬	

輶	무급 車 16획	輶
가벼울 유	一一一一車車車車輶輶輶輶	

耳	5급 耳 6획	耳
귀 이	耳耳耳耳耳耳	

攸	무급 攴 7획	攸
바 유	攸攸攸攸攸攸攸	

垣	무급 土 9획	垣
담 원	垣垣垣垣垣垣垣垣垣	

畏	3급 田 9획	畏
두려울 외	畏畏畏畏畏畏畏畏畏	

墙	3급 土 16획	墙
담 장	墙墙墙墙墙墙墙墙	

具膳湌飯하니 適口充腸이라
구 선 손 반 적 구 충 장

반찬 갖춘 밥을 먹으니, 입에 맞아 창자를 채운다.

具	5급 八 8획	具			適	4급 辶 15획	適		
갖출 구	具 具 具 具 具 具 具 具				맞을 적	適 適 適 商 商 商 適 商 適 適			
膳	1급 肉 16획	膳			口	7급 口 3획	口		
반찬 선	膳 膳 膳 膳 膳 膳 膳 膳 膳				입 구	口 口 口			
湌	무급 食 11획	湌			充	5급 八 6획	充		
밥 손	湌 湌 湌 湌 湌 湌 湌 湌 湌 湌				채울 충	充 充 充 充 充 充			
飯	3급 食 13획	飯			腸	4급 肉 13획	腸		
밥 반	飯 飯 飯 飯 飯 飯 飯 飯 飯 飯				창자 장	腸 腸 腸 腸 腸 腸 腸 腸 腸 腸			

112

飽飫하면 烹宰하고 飢하면 厭糟糠이라
포 어　　　 팽 재　　　 기　　　 염 조 강

배부르면 요리한 고기도 먹기 싫고, 굶주리면 술지게미나 겨도 달게 여긴다.

飽	3급 食 14획	飽				飢	3급 食 11획	飢		
배부를 **포**	ノ ハ ケ タ ゟ 今 台 台 台 飠 飠 飣 飽 飽					주릴 **기**	ノ ハ ケ タ ゟ 今 台 台 飠 飠 飢		

飫	무급 食 13획	飫				厭	2급 厂 14획	厭		
배부를 **어**	ノ ハ ケ タ ゟ 今 台 飠 飠 飣 飫 飫					싫을 **염**	ノ 厂 厂 厂 厈 厍 厭 厭 厭 厭		

烹	무급 火 11획	烹				糟	1급 木 15획	糟		
삶을 **팽**	烹 亠 亠 亨 亨 亨 烹 烹					지게미 **조**	糟 ` 并 并 糒 糟 糟 糟 糟		

宰	2급 宀 10획	宰				糠	1급 米 17획	糠		
재상 **재**	宰 宀 宀 空 空 空 宰 宰					겨 **강**	糠 ` 并 并 糒 糖 糖 糠 糠 糠		

113

親戚과 故舊는 老少異糧이라
친 척　　고 구　　노 소 이 량

친척(親戚)과 오랜 친구는 늙고 젊음에 따라 먹을 것을 달리해야 한다.

親	6급 見 16획	親		老	7급 老 6획	老
친할 **친**	親親親親親親親親親親			늙을 **로**	老老老老老老	

戚	3급 戈 11획	戚		少	7급 小 4획	少
겨레 **척**	戚戚戚戚戚戚戚戚戚戚			젊을 **소**	少少少少	

故	4급 攴 9획	故		異	4급 田 11획	異
연고 **고**	故故故故故故故故			다를 **이**	異異異異異異異異異異異	

舊	5급 白 18획	舊		糧	4급 米 18획	糧
옛 **구**	舊舊舊舊舊舊舊舊舊舊舊			양식 **량**	糧糧糧糧糧糧糧糧糧	

114

妾御는 績紡하고 侍巾帷房이라
첩 어 적 방 시 건 유 방

첩(妾)이나 모시는 여자는 길쌈을 하고, 장막 친 방안에서 수건을 들고 시중든다.

妾	3급 女 8획	妾		
첩 **첩**	妾妾妾妾妾妾妾妾			

御	3급 彳 11획	御		
모실 **어**	御御御御御御御御御御御			

績	4급 糸 17획	績		
쌓을 **적**	績績績績績績績績績			

紡	2급 糸 10획	紡		
길쌈 **방**	紡紡紡紡紡紡紡紡紡			

侍	3급 人 8획	侍		
모실 **시**	侍侍侍侍侍侍侍侍			

巾	1급 巾 3획	巾		
수건 **건**	巾口巾			

帷	무급 巾 11획	帷		
장막 **유**	帷帷帷帷帷帷帷帷帷帷帷			

房	4급 戶 8획	房		
방 **방**	房房房房房房房			

紈扇은 圓潔하며 銀燭은 煒煌이라
환 선　원 결　　　은 촉　위 황

흰 깁으로 만든 부채는 둥글고 깨끗하며, 은빛 나는 촛불은 빛나고 환하다.

紈	무급 糸 9획	紈			銀	6급 金 14획	銀	
흰깁 **환**	紈紈紈紈紈紈紈紈紈				은 **은**	銀銀銀銀銀銀銀銀銀銀		

扇	1급 戶 10획	扇			燭	3급 火 17획	燭	
부채 **선**	扇扇扇扇扇扇扇扇扇扇				촛불 **촉**	燭燭燭燭燭燭燭燭燭燭		

圓	4급 口 13획	圓			煒	무급 火 13획	煒	
둥글 **원**	圓圓圓圓圓圓圓圓圓圓圓				빛날 **위**	煒煒煒煒煒煒煒煒煒煒		

潔	4급 水 15획	潔			煌	1급 火 13획	煌	
맑을 **결**	潔潔潔潔潔潔潔潔潔潔潔潔				빛날 **황**	煌煌煌煌煌煌煌煌煌煌		

晝眠夕寐하니 藍筍象床이라
주 면 석 매　　　남 순 상 상

낮에는 졸고 밤에는 자니, 대나무 침상과 상아(象牙)로 꾸민 걸상이다.

晝	6급 日 11획	晝		
낮 주	晝晝晝晝晝晝晝晝晝晝晝			

眠	3급 目 10획	眠		
잘 면	眠眠眠眠眠眠眠眠眠眠			

夕	7급 夕 3획	夕		
저녁 석	ノクタ			

寐	1급 宀 12획	寐		
잘 매	寐寐寐寐寐寐寐寐寐寐寐			

藍	3급 艸 18획	藍		
쪽 람	藍藍藍藍藍藍藍藍藍藍藍藍			

筍	1급 竹 12획	筍		
죽순 순	筍筍筍筍筍筍筍筍筍筍筍			

象	3급 豕 12획	象		
코끼리 상	象象象象象象象象象象象			

床	4급 广 7획	床		
상 상	床床床床床床床			

絃歌酒讌하고 接杯擧觴하고
현 가 주 연 　 접 배 거 상

거문고 타고 노래하며 술로 잔치하고, 잔을 쥐고 잔을 들어 올려 권한다.

絃	3급 糸 11획	絃				接	4급 手 11획	接			
줄 **현**	絃絃絃絃絃絃絃絃絃絃					이을 **접**	接接接接接接接接接				
歌	7급 欠 14획	歌				杯	3급 木 8획	杯			
노래 **가**	歌歌歌歌歌歌歌歌歌歌					잔 **배**	杯杯杯杯杯杯杯杯				
酒	4급 酉 10획	酒				擧	5급 手 18획	擧			
술 **주**	酒酒酒酒酒酒酒酒酒酒					들 **거**	擧擧擧擧擧擧擧擧擧擧擧				
讌	무급 言 23획	讌				觴	1급 角 18획	觴			
잔치 **연**	讌讌讌讌讌讌讌讌讌讌讌讌					잔 **상**	觴觴觴觴觴觴觴觴觴觴觴				

矯手頓足하니 悅豫且康이라
교 수 돈 족　　　열 예 차 강

손을 굽혔다 펴고 발을 구르며 춤추니, 기쁘고 또 강녕(康寧)하다.

矯	3급 矢 17획				悅	3급 心 10획			
바로잡을 **교**	⺮ ⺮ ⺮ 矢 矯 矯 矯 矯 矯 矯				기쁠 **열**	忄 悅 忄 悅 忄 忄 悅 悅 悅 悅			

手	7급 手 4획				豫	4급 豕 16획			
손 **수**	手 手 手 手				기쁠 **예**	豫 豫 豫 豫 豫 豫 豫 豫 豫 豫 豫			

頓	2급 頁 13획				且	3급 一 5획			
두드릴 **돈**	頓 頓 口 屯 頓 頓 屯 頓 頓 頓				또 **차**	丨 刀 月 月 且			

足	7급 足 7획				康	4급 广 11획			
발 **족**	足 足 足 足 足 足 足				편안할 **강**	康 康 康 康 康 康 康 康 康 康			

嫡後嗣續하야 祭祀는 蒸嘗이라
적 후 사 속   제 사   증 상

만아들로 뒤를 잇고, 제사에는 증(蒸)과 상(嘗)이 있다.

嫡	1급 女 14획	嫡		
맏 **적**	乀嫡嫡嫡嫡嫡嫡嫡嫡嫡			

後	7급 彳 9획	後		
뒤 **후**	後後後後後後後後後			

嗣	1급 口 13획	嗣		
이을 **사**	嗣嗣嗣嗣弖弖嗣嗣嗣嗣嗣嗣			

續	4급 糸 21획	續		
이을 **속**	續續續續續續續續續續			

祭	4급 示 11획	祭		
제사 **제**	祭夕夕夕夕夕祭祭祭祭祭			

祀	3급 示 8획	祀		
제사 **사**	祀祀祀祀祀祀祀祀			

蒸	3급 艸 14획	蒸		
찔 **증**	蒸蒸蒸蒸蒸芖蒸蒸蒸蒸蒸			

嘗	3급 口 14획	嘗		
맛볼 **상**	嘗嘗嘗嘗嘗嘗嘗嘗嘗嘗			

稽顙再拜하되 悚懼恐惶이라
계 상 재 배   송 구 공 황

이마를 땅에 대어 거듭 절하되, 두려워하고 공경해야 한다.

稽	무급 禾 15획	稽	
조아릴 **계**	稽稽千稽稽稽秕秕秕稽稽稽		

顙	무급 頁 19획	顙	
이마 **상**	顙顙顙顙桑桑顙顙顙顙		

再	5급 冂 6획	再	
두 **재**	再再冉冉再再		

拜	4급 手 9획	拜	
절 **배**	拜拜拜拜拜拜拜拜拜		

悚	1급 心 10획	悚	
두려울 **송**	悚悚悚悚悚悚悚悚悚悚		

懼	3급 心 21획	懼	
두려울 **구**	懼懼懼懼懼懼懼懼懼懼懼		

恐	3급 心 10획	恐	
두려울 **공**	恐恐恐恐恐恐恐恐恐恐		

惶	1급 心 12획	惶	
두려울 **황**	惶惶惶惶惶惶惶惶惶惶		

牋牒은 簡要하고 顧答은 審詳이라
전 첩　　간 요　　　고 답　　심 상

편지는 간단하고 긴요해야 하고, 안부를 묻거나 답장할 때는 잘 살피고 자세해야 한다.

牋	무급 片 12획	牋		
편지 전	牋牋牋牋牋牋牋牋牋牋牋			

牒	1급 片 13획	牒		
편지 첩	牒牒牒牒牒牒牒牒牒牒牒牒			

簡	4급 竹 18획	簡		
간단할 간	簡簡簡簡簡簡簡簡簡簡簡簡			

要	5급 女 9획	要		
구할 요	要要要要要要要要要			

顧	3급 頁 21획	顧		
돌아볼 고	顧顧顧顧顧顧顧顧顧顧			

答	7급 竹 12획	答		
대답할 답	答答答答答答答答答答答			

審	3급 宀 15획	審		
살필 심	審審審審審審審審審審審			

詳	3급 言 13획	詳		
자세할 상	詳詳詳詳詳詳詳詳詳詳			

骸垢想浴하고 執熱願涼이라
해 구 상 욕　　집 열 원 량

몸에 때가 끼면 목욕할 것을 생각하고, 뜨거운 것을 잡으면 서늘해지기를 바란다.

骸	1급 骨 16획		執	3급 土 11획	
뼈 해	骸骸骸骨骨骨骨骸骸骸		잡을 집	執執執執丸圥圥幸執執執	

垢	1급 土 9획		熱	5급 火 15획	
때 구	垢垢垢坂坊坊坊垢垢		뜨거울 열	熱熱圥圥圥幸幸幸執執熱熱	

想	4급 心 13획		願	5급 頁 19획	
생각할 상	想想想相相相想想想		바랄 원	願願厂原原原原原原願願	

浴	5급 水 10획		涼	3급 氵 10획	
목욕할 욕	浴浴浴浴浴浴浴浴浴浴		서늘할 량	涼涼涼涼涼涼涼涼涼涼

驢騾犢特이 駭躍超驤이라
여 라 독 특 해 약 초 양

나귀와 노새와 송아지는 놀라 뛰고 훌쩍 달린다.

驢	무급 馬 26획	驢
나귀 려	驢驢驢馬馬馬馬馹馹馹驢驢驢驢	

駭	1급 馬 16획	駭
놀랄 해	駭駭駭駭馬馬馬馬馬馬駭駭駭駭駭	

騾	무급 馬 21획	騾
노새 라	騾騾騾馬馬騾騾騾騾騾騾騾	

躍	2급 足 21획	躍
뛸 약	躍躍躍躍躍躍躍躍躍躍躍躍躍	

犢	무급 牛 19획	犢
송아지 독	犢犢犢犢犢犢犢犢犢犢	

超	3급 走 12획	超
뛰어넘을 초	超超超超超超超起起超	

特	6급 牛 10획	特
특별할 특	特特特特特特特特特特	

驤	무급 馬 27획	驤
달릴 양	驤驤驤馬馬馬馬馬馬馬馬馬驤驤驤驤驤驤驤	

124

誅斬賊盜하고 捕獲叛亡이라
주 참 적 도　　포 획 반 망

도적을 처벌하고 베며, 배반하고 도망한 자를 잡고 노획한다.

誅	1급 言 13획	誅		捕	3급 手 10획	捕	
벨 **주**	誅誅誅誅誅誅誅誅誅誅			잡을 **포**	捕扌扌扌扐捎捎捕捕		

斬	2급 斤 11획	斬		獲	3급 犭 17획	獲	
벨 **참**	斬斬斬斬斬斬斬斬斬斬			얻을 **획**	犭犭犭犭犭犷犷獲獲獲獲獲		

賊	4급 貝 13획	賊		叛	3급 又 9획	叛	
도적 **적**	丨冂冃貝貝貝貯貯賊賊賊			배반할 **반**	叛叛叛半半判判叛叛		

盜	4급 皿 12획	盜		亡	5급 亠 3획	亡	
도적 **도**	盜盜盜氵氵次次次盜盜盜			도망 **망**	亡亡亡		

布射僚丸하며 　 嵇琴阮嘯라
포 사 료 환 　 　 혜 금 완 소

여포는 활쏘기를 잘 하였고, 웅의료는 탄환을 잘 놀렸으며, 혜강은 거문고를 잘 타고, 완적은 휘파람을 잘 불었다.

布	4급 巾 5획	布
베 포	ノ ナ 右 布 布	

射	4급 寸 10획	射
쏠 사	射 射 射 身 身 身 身 身 射 射	

僚	2급 人 14획	僚
동료 료	僚 僚 僚 僚 僚 僚 僚 僚 僚 僚	

丸	3급 、 3획	丸
탄환 환	九 九 丸	

嵇	무급 山 12획	嵇
메 혜	嵇 嵇 嵇 嵇 嵇 嵇 嵇 嵇 嵇 嵇 嵇 嵇	

琴	3급 王 12획	琴
거문고 금	琴 琴 琴 琴 琴 琴 琴 琴 琴 琴	

阮	1급 阜 7획	阮
성 완	阮 阮 阮 阮 阮 阮	

嘯	무급 口 16획	嘯
휘파람 소	嘯 嘯 嘯 嘯 嘯 嘯 嘯 嘯 嘯 嘯 嘯	

恬筆倫紙하고 鈞巧任釣라
염 필 류 지 　 균 교 임 조

몽념(蒙恬)은 붓을 만들고, 채륜(蔡倫)은 종이를 만들었으며, 마균(馬鈞)은 교묘한 재주가 있었고, 임공자(任公子)는 낚시를 만들었다.

恬	무급 心 8획	恬			鈞	무급 金 12획	鈞		
편안할 **념**	恬恬恬恬恬恬恬恬				무게단위 **균**	鈞鈞鈞鈞鈞鈞金鈞鈞鈞			

筆	5급 竹 12획	筆			巧	3급 工 5획	巧		
붓 **필**	筆筆筆筆筆筆筆筆筆				공교할 **교**	巧巧巧巧巧			

倫	3급 人 10획	倫			任	5급 人 6획	任		
인륜 **륜**	倫倫倫侖侖侖侖倫倫倫				맡길 **임**	任任任任任任			

紙	7급 糸 10획	紙			釣	2급 金 11획	釣		
종이 **지**	紙紙紙紙糸糸紙紙紙紙				낚시 **조**	釣釣釣釣釣釣金釣釣釣			

釋紛利俗하니 竝皆佳妙라
석 분 리 속　병 개 가 묘

어지러움을 풀어 세상을 이롭게 하니, 아울러 모두 아름답고 묘하였다.

釋	3급 釆 20획	釋	竝	3급 立 10획	竝
풀을 **석**		釋釋釋釋釋釋釋釋釋釋	아우를 **병**		竝竝竝竝竝竝竝竝竝
紛	3급 糸 10획	紛	皆	3급 白 9획	皆
어지러울 **분**		紛紛紛紛紛紛紛紛紛	다 **개**		皆皆皆皆皆皆皆皆皆
利	6급 刀 7획	利	佳	3급 人 8획	佳
이로울 **리**		利利利利利利利	아름다울 **가**		佳佳佳佳佳佳佳佳
俗	4급 人 9획	俗	妙	4급 女 7획	妙
풍속 **속**		俗俗俗俗俗俗俗俗俗	묘할 **묘**		妙妙妙妙妙妙妙

毛施淑姿하야 工嚬妍笑이니라
모 시 숙 자 　 공 빈 연 소

모장(毛嬙)과 서시(西施)는 생김새가 아름다워, 공교롭게 찡그리고 쉽게
웃었다.

毛	4급 毛 4획		工	7급 工 3획	
터럭 **모**	毛毛毛毛		장인 **공**	工工工	
施	4급 方 9획		嚬	1급 口 19획	
베풀 **시**	施施方方方方施施施		찡그릴 **빈**	口吖吖吖吖嗒嗒嚬嚬嚬	
淑	3급 水 11획		妍	2급 女 9획	
맑을 **숙**	淑淑淑氵氵汁汁汁沫淑淑		고을 **연**	〈女女女女妍妍妍妍	
姿	4급 女 9획		笑	4급 竹 10획	
모양 **자**	姿姿姿姿姿次次姿姿		웃을 **소**	笑笑笑笑笑笑笑竻竻笑	

年矢每催하고 義暉朗曜라
연 시 매 최　　　 희 휘 랑 요

세월은 화살 같이 늘 재촉하지만, 햇빛은 밝고 빛나기만 하누나.

年	8급 干 6획	年		義	2급 羊 16획	義
해 **년**	年年年午午年			사람이름 **희**	義義義義義義義義義義	

矢	3급 矢 5획	矢		暉	무급 日 13획	暉
화살 **시**	矢矢矢矢矢			빛날 **휘**	暉暉暉暉暉暉暉暉暉	

每	7급 毋 7획	每		朗	5급 月 11획	朗
매양 **매**	每每每每每每每			밝을 **랑**	朗朗朗朗朗朗朗朗朗朗	

催	3급 人 13획	催		曜	5급 日 18획	曜
재촉할 **최**	催催催催催催催催催催			빛날 **요**	曜曜曜曜曜曜曜曜曜曜	

璇璣懸斡하고 晦魄環照라
선 기 현 알   회 백 환 조

선기옥형(璇璣玉衡)은 매달린 채로 돌고, 어두워졌다가 다시 밝아져 순환하여 비춘다.

璇	2급 玉 15획	璇		晦	1급 日 11획	晦
구슬 선	璇 王 玎 玎 玎 玏 玲 玲 琁 琁 璇 璇			그믐 회	晦 冂 冂 日 日 日 晦 晦 晦 晦 晦		
璣	2급 玉 16획	璣		魄	1급 鬼 15획	魄
구슬 기	璣 王 珓 珓 珓 璣 璣 璣 璣 璣 璣			넋 백	魄 白 白 的 的 魄 魄 魄 魄 魄		
懸	3급 心 20획	懸		環	4급 玉 17획	環
매달 현	懸 县 県 県 県 県 県 悬 悬 悬 悬 懸 懸			고리 환	環 王 環 環 環 環 環 環 環 環 環 環		
斡	1급 斗 14획	斡		照	3급 火 13획	照
돌 알	斡 斡 古 吉 吉 卓 草 草 斡 斡 斡 斡			비칠 조	照 冂 日 日 日 昭 昭 昭 昭 昭 照 照		

131

指薪修祐하야 永綏吉邵라
지 신 수 우　　영 유 길 소

섶의 불씨를 가리켜 복을 닦음을 비유하니, 오래도록 편안하여 길상(吉祥)이 높아지리라.

指	4급 手 9획	指			永	6급 水 5획	永		
가리킬 **지**	指指指指指指指指指				길 **영**	永永永永永			

薪	1급 艸 17획	薪			綏	무급 糸 13획	綏		
섶 **신**	薪薪薪薪薪薪薪薪薪薪薪薪				편안할 **유**	綏綏綏綏綏綏綏綏綏綏			

修	4급 人 10획	修			吉	5급 口 6획	吉		
닦을 **수**	修修修修修修修修修修				좋을 **길**	吉吉吉吉吉吉			

祐	2급 示 10획	祐			邵	2급 邑 8획	邵		
복 **우**	祐祐祐祐祐祐祐祐祐				높을 **소**	邵邵邵邵邵邵邵邵			

矩步引領하고 俯仰廊廟라
구 보 인 령 　　 부 앙 랑 묘

걸음을 바르게 하고 옷깃을 바르게 여미며, 조정(朝廷)에 오르내린다.

矩	1급 矢 10획	矩		俯	1급 人 10획	俯	
법 **구**	矩矩矩矩矢矩矩矩矩矩			구부릴 **부**	俯俯俯俯俯俯俯俯俯俯		

步	4급 止 7획	步		仰	3급 人 6획	仰	
걸을 **보**	步步步步步步步			우러를 **앙**	仰仰仰仰仰仰		

引	4급 己 4획	引		廊	3급 广 13획	廊	
끌 **인**	引引引引			행랑 **랑**	廊廊廊廊廊廊廊廊廊廊廊		

領	5급 頁 14획	領		廟	3급 广 15획	廟	
옷깃 **령**	領領領領領領領領領領			사당 **묘**	廟廟廟廟廟廟廟廟廟		

束帶矜莊하고 徘徊瞻眺라
속 대 긍 장 　 배 회 첨 조

띠를 묶고 있을 때는 몸을 바르게 가지고 씩씩하며 배회(徘徊)하니 사람들이 우러러 본다.

束	5급 木 7획	束		徘	1급 彳 11획	徘
묶을 **속**	束束束束束束束			배회할 **배**	徘徘徘徘徘徘徘徘徘徘徘	
帶	4급 巾 11획	帶		徊	1급 彳 9획	徊
띠 **대**	帶帶帶帶帶帶帶帶帶帶帶			배회할 **회**	徊徊徊徊徊徊徊徊徊	
矜	1급 矛 9획	矜		瞻	2급 目 18획	瞻
자랑할 **긍**	矜矜矜矜矜矜矜矜矜			볼 **첨**	瞻瞻瞻瞻瞻瞻瞻瞻瞻瞻	
莊	3급 艸 11획	莊		眺	1급 目 11획	眺
씩씩할 **장**	莊莊莊莊莊莊莊莊莊莊莊			볼 **조**	眺眺眺眺眺眺眺眺眺眺眺	

孤陋寡聞하면 愚蒙을 等誚라
고 루 과 문   우 몽   등 초

고루(孤陋)하고 배움이 적으면 어리석고 아둔한 자와 똑같이 꾸짖는다.

孤	4급 子 8획					愚	3급 心 13획				
외로울 **고**	孤孑孑孑孤孤孤孤					어리석을 **우**	愚愚愚昌禺禺禺愚愚				

陋	1급 阜 9획					蒙	3급 艸 14획				
더러울 **루**	陋陋陋陋陋陋陋陋陋					몽매할 **몽**	蒙蒙蒙蒙蒙蒙蒙蒙蒙蒙蒙				

寡	3급 宀 14획					等	6급 竹 12획				
적을 **과**	寡寡寡寡寡寡寡寡寡					등급 **등**	等等等等等等等等等等				

聞	6급 耳 14획					誚	무급 言 14획				
들을 **문**	聞聞聞聞門門門聞聞聞聞					꾸짖을 **초**	誚誚誚誚誚誚誚誚誚				

135

謂語助者는 焉哉乎也니라
위 어 조 자 언 재 호 야

어조사(語助辭)라 일컫는 것은, 언(焉)·재(哉)·호(乎)·야(也)이다.

謂	3급 言 16획	謂			焉	3급 火 11획	焉		
이를 **위**	謂謂謂謂謂謂謂謂謂謂				어조사 **언**	焉焉焉焉焉焉焉焉焉焉焉			
語	7급 言 14획	語			哉	3급 口 9획	哉		
말씀 **어**	語語語語語語語語語語				어조사 **재**	哉哉哉哉哉哉哉哉哉			
助	4급 力 7획	助			乎	3급 丿 5획	乎		
도울 **조**	助助助助助助助				어조사 **호**	乎乎乎乎乎			
者	6급 老 9획	者			也	3급 乙 3획	也		
사람 **자**	者者者者者者者者者				어조사 **야**	也也也			